O ESPIRITISMO E A CIÊNCIA NO SÉCULO 21

Ubiraci de Souza Leal

O ESPIRITISMO E A CIÊNCIA NO SÉCULO 21

Aliança

1ª edição, Fevereiro/2020, 1º milheiro

Título
O Espiritismo e a Ciência no Século 21

Autor
Ubiraci de Souza Leal

Revisão
Ubiraci de Souza Leal

Diagramação
Aline Cantelle

Capa
Mauro Okada

Impressão
Graphium Gráfica e Editora Ltda.

Ficha Catalográfica

Dados Internacionais de Catalogação na Publicação (CIP)
— Câmara Brasileira do Livro | SP | Brasil —

Leal, Ubiraci de Souza
O Espiritismo e a Ciência do Século 21 /
Ubiraci de Souza Leal. -- São Paulo : Editora
Aliança, 2020.

ISBN: 978-85-8364-082-0

1. Ciência e espiritismo 2. Ciência e religião
3. Doutrina espírita I. Título

20-32493 CDD-133.901

Índice para catálogo sistemático:

1. Ciência e espiritismo : Doutrina espírita 133.901

Iolanda Rodrigues Biode - Bibliotecária - CRB-8/10014

Editora Aliança
Rua Major Diogo, 511 - Bela Vista - São Paulo - SP
CEP 01324-001 | Tel.:(11) 2105-2600
www.editoraalianca.com.br | editoraalianca.com.br

PREÂMBULO

O Espiritismo tem três aspectos: Religião, Filosofia e Ciência.

Uma religião poderá desestruturar-se quando por conta de novos conhecimentos científicos, que venham a ocorrer, seus princípios venham a ser negados.

Também ela poderá estagnar-se, desaparecendo com o tempo, quando não apresentar uma filosofia de vida baseada em conceitos científicos que definam metas futuras a serem alcançadas. Portanto o dogmatismo, ou seja, a adoção de princípios sem explicação científica é um aspecto indesejável dentro de uma religião, pois pode fazê-la incorrer nos dois aspectos citados.

Dentro desses conceitos o Espiritismo buscou sempre apresentar-se como uma religião-ciência.

Como formular princípios de uma religião sem incorrer nos problemas acima citados?

Assim como uma religião não pode ser estruturada para simplesmente explicar problemas do passado, baseando seus ensinamentos em fatos ocorridos (com características puramente históricas), ela não pode projetar-se no futuro sem a devida estruturação científico-filosófica que a sustente, ou seja, ela incorrerá em se apresentar como uma ficção e não ajudará em nada a vida presente.

Como podemos enquadrar o Espiritismo dentro desse contexto dinâmico?

A ciência atual, a partir da última década de 50, passou a estruturar-se dentro de um aspecto cosmogônico. Simploriamente falando "como surgimos, quem somos e para onde vamos" ou "como surgiu o Universo, como ele se apresenta e para onde irá". Na nova estrutura pluridisciplinar da pesquisa, passou a contar com: Astrônomos, Astrofísicos e Cosmólogos. Estes últimos em seus vários atributos, analisam descobertas, estruturam teorias, propõem novas pesquisas e vislumbram suas consequências, dentro de um aspecto dinâmico. O Espiritismo está perfeitamente enquadrado dentro desse contexto, pois tem seu aspecto de passado, presente e futuro, constituído no princípio de que se ocorrer alguma dúvida entre os conceitos apresentados em seus livros básicos (o pentateuco espírita) e a ciência, devemos ficar com a ciência.

Quais têm sido as consequências desse princípio do Espiritismo?

Poderá ser que, a partir de um determinado momento, o Homem já tenha um certo nível de religiosidade e que a sua filosofia de vida e seus objetivos espirituais não necessitem mais de uma religião como a entendemos. Acredito que isso venha a ocorrer, mas a história nos tem mostrado que há ainda várias etapas a serem vencidas. Uma delas é que, em se falando de Espiritismo, várias revelações apresentadas pelo Espírito de Verdade foram *filosoficamente* negadas pela ciência, por não terem comprovação científica, entretanto hoje já temos essas comprovações. É isso que procuraremos apresentar neste trabalho.

Quando passamos a conhecer a ciência e suas leis, aquilo que praticávamos por crença deixa de ter um aspecto dogmático e passa a ser praticado com responsabilidade, estruturando assim a nossa fé.

O Autor

SÚMARIO

1 Introdução

A vida naquilo em que é mais importante é algo que flui e que nos desperta interesse, senão por que a maioria insiste em viver?

Não é evidente que estejamos em um processo de evolução, caso contrário isso, por si só, já poderia justificar a nossa vida. Isso requer uma reflexão.

Se temos alguma consciência da nossa vida, estamos no meio de uma caminhada que não diz de onde partimos nem aonde chegaremos. Mas a busca para esse conhecimento continua sendo incessante. É como a de um viajante que está apreciando sua viagem e sabe que um dia chegará a seu destino, mas não sabe sua missão durante a viagem, e nem se, ao chegar a seu destino, terá recursos para empreender novas viagens ou se aquela viagem é a última. Pior ainda, ele nem sabe se aquela é a primeira. E se não estiver apreciando a viagem, se o caminho for difícil, talvez aí a força para prosseguir tenha que ser maior.

Se não temos consciência, possivelmente as próprias dificuldades da vida, funcionem como um instinto, onde os pequenos momentos de satisfação sejam o estímulo para continuar.

Para uma análise mais ampla, vamos procurar enxergar o Homem dentro de seu habitat e situado no tempo. Não é nosso objetivo reescrever a história, nem tão pouco reformular a ciência, principalmente porque esta tem cuidado muito bem de si, com novas descobertas e formulação de novas teorias que abrem um horizonte mais amplo para a vida do Homem. Fatos religiosos, que vêm aqui apresentados, têm principalmente um sentido histórico, pois as próprias religiões apresentam nos dias de hoje um sentido positivo de se ajustarem à verdade, seguindo a ciência, não a negando, visando principalmente a real função de que devem exercer a ligação do Homem ao Criador.

Na apresentação dos fatos usaremos para o tempo a mesma nomenclatura utilizada pela ciência, no que se refere ao desenvolvimento da Terra e aquelas referentes aos ciclos astronômicos desde o início do Universo até os dias de hoje.

Para o desenvolvimento do Homem, utilizaremos o conceito de ciclos e dimensões, medidas estas que estão muito mais ligadas à percepção do Homem de si e do Universo, dentro de um conceito evolutivo.

Nesse conceito temos os ciclos da evolução do Espírito que, através das experiências, segue um caminho evolutivo. Dentro dos ciclos há as dimensões que compõem cada ciclo. Num modelo em que vivemos, geometricamente falando, o mundo material possui três dimensões: a Linha, o Plano e o Espaço (ou o Volume).

Dentro da geometria euclidiana não há lugar para uma quarta dimensão, entretanto a ciência propõe uma quarta dimensão, que inicialmente poderia ser o Tempo, mas por consistência científica foi definida como Espaço/Tempo. Nesse conceito esta é uma dimensão de um novo ciclo, onde a primeira dimensão são as três do ciclo anterior (seria a dimensão Matéria Densa) e a segunda e a terceira estão contidas no Espaço/Tempo.

Quando estas três dimensões forem conscientes para o Espírito, um novo ciclo de conhecimento se abre na concepção do Espírito. Para que uma nova dimensão seja efetivamente conhecida há a necessidade de se ter percepção da mesma e a comprovação científica.

Para conhecer a dimensão da Esfera Divina, extremo superior dos ciclos, não bastará saber que ela existe, é necessário vivenciar toda a sequência de ciclos até ela, é necessário que eu a sinta e, assim mesmo, isso poderá ficar no nível de acreditarmos ou não.

Entretanto, se eu sentir que um dia poderei lá chegar, isso poderá me auxiliar na caminhada, principalmente se tiver a percepção de estar no caminho certo. É nesse aspecto que tentaremos entender melhor o caminho que estamos seguindo e quais são os principais detalhes de percurso que poderemos obedecer para torná-lo mais suave e menos doloroso.

2 A evolução dentro das dimensões da matéria.

Antes de explorarmos as dimensões da matéria, vamos passar rapidamente pelo Ciclo da Criação, e o Ciclo da Evolução na Terra que entendemos serem os anteriores ao da nossa vida já como Homem.

Gênese segundo muitas Religiões

No princípio Deus criou os céus e a terra. A terra estava informe e vazia. Na sequência foram criados, a luz, o firmamento, as águas, as terras, e seguiu-se até chegar à criação do homem e da mulher, e tudo se realizou até o sétimo dia da criação.

Gênese segundo o Espiritismo

Deus criou o Universo por sua vontade. Deus disse: Faça-se a luz e a luz foi feita. E os mundos se formam pela condensação da matéria disseminada no espaço. No começo tudo era caos; os elementos estavam em confusão. Pouco a pouco cada coisa tomou o seu lugar. Apareceram os seres vivos apropriados ao estado do globo.

Fato científico

Após uma explosão, ocorrida há cerca de 14 bilhões de anos, surgiu um aglomerado denso e quente, com composição básica de hélio e hidrogênio. Foram lançadas porções de matéria para todos os rumos. Houve uma acomodação das diferentes porções de matéria, que se aglomeraram formando as galáxias do Universo.

Essa teoria do Big Bang foi enunciada por inúmeros cientistas no início do século 20 sendo até hoje a mais aceita. Entretanto, os cientistas que a enunciaram não conseguiram explicar o que teria motivado a explosão inicial e sua intensidade e também nada é comentado com respeito à causa, início de tudo. Como a ciência é detalhista em suas descobertas, ainda que surjam lacunas entre um fato e outro, estas lacunas continuam sendo analisadas para que se possa apresentar o fenômeno em toda sua continuidade.

Nas várias gêneses, de modo geral, a formação do Universo que ocorreu há 13,75 bilhões de anos (últimas aferições da astronomia) e a formação do planeta Terra que teve sua formação há 4,5 bilhões de anos, quase que se confundem. Da formação da Terra ao surgimento do Homem, que transcorreu em mais de quatro bilhões de anos, se apresenta como um curto espaço de tempo que simbolicamente foram condensados em sete dias da criação. Isso nos dá a entender que o Homem só passou a ter consciência de si quando efetivamente começou sua existência no globo terrestre.

Por revelações espirituais há informações de que Espíritos embrionários iniciaram seu aprendizado evolutivo na Terra, quando os primeiros seres vivos surgiram em nosso globo terrestre, sendo assim foram preparados para as encarnações que viriam como homens, possibilitando assim, uma evolução mais *efetiva* e *rápida.*

A ciência, através de pesquisas diretas em nosso globo e através da observação do Universo, procura entender o que ocorreu até hoje, antes e depois do surgimento do Homem, e o que poderá ocorrer. Nós, interessados diretos em nossas vidas, temos uma quantidade significativa de informações e cabe a cada um, escolher as que mais possam ser importantes a nossa jornada.

De posse dessas informações, vamos iniciar a nossa jornada, com foco a partir do surgimento de nós, homens, em corpo e alma (corpo físico, corpo energético e espírito).

Esta viagem, pelo que temos conhecimento, iniciou-se há mais de 500 mil anos, neste local chamado Terra. Seu *meio* de vida, são corpos bípedes, caminham de forma ereta e se reproduzem de forma bissexuada. Diferentes de outros seres existentes nesse mundo, ele já apresentava lampejos de inteligência e a partir daí usava de sua livre escolha. Evidentemente temos que ponderar que a livre escolha está sempre limitada ao que há de disponível para se escolher dentro daquilo que era de sua necessidade. Mas de onde ele veio para iniciar essa viagem? Sem entrar muito em detalhes, duas explicações se apresentam.

Filosofia de muitas Religiões

O primeiro homem foi criado, por Deus, a partir de uma porção de barro e sua companheira a partir de uma costela sua. No exercício do livre arbítrio, cometeu uma falta que o obrigou a continuar nessa viagem até se redimir do erro cometido, apesar de não estar bem claro que erro foi esse. Ficava mais ou menos implícito que o viver seria a solução do problema, além de que novas instruções seriam apresentadas.

Essa descrição do surgimento do Homem traz em si um fato muito interessante, o de que para fazermos alguma coisa material (pois estamos evidentemente falando do homem na matéria) foi usado da matéria que se dispunha no local.

Fato científico

Os primeiros serem humanos surgiram da evolução das espécies, tendo como elo mais próximo das espécies os primatas símios. A sua linha de evolução é a dos *Homo sapiens sapiens*. Entretanto como a ciência continua suas pesquisas, apoiada pelas descobertas arqueológicas, pelas análises do DNA, pelas medições do tempo de existência de fósseis, por métodos e técnicas mais avançadas, já se sabe que o *Homo sapiens sapiens* não apresenta uma linhagem única. Sofreu a influência genética de outros humanoides ao longo de sua vida, sendo um dos principais o homem de Neandertal. Isso acorreu há cerca de 50 mil anos, quando por razões desconhecidas o homem de Neandertal desapareceu. Segundo a ciência, quem sobrevive não é o mais forte, mas o que melhor se adapta (em parte isso continua valendo até os dias de hoje).

Ciclo da matéria – Primeira dimensão

Por um período que se estima entre 300 mil e 400 mil anos esse homem primata viajou pelo mundo, vivendo sofrendo, passando por prazeres e privações, graças ao instinto e seu egocentrismo que o fazia pensar *em si* acima de tudo. Nem de seu criador cogitava. Vale lembrar que nesse período a Terra passou por vários cataclismos geológicos remanescentes de sua estabilização da crosta terrestre, bem como cataclismos climáticos, oriundos de sua movimentação em torno do Sol, que a levou a aquecimentos e resfriamentos. Na filosofia religiosa (que foi escrita depois), estava proposto ao homem: *Crescei e multiplicai-vos*. A ciência *da matéria* assim como a filosofia religiosa não especifica como era o viajante antes de sua viagem na Terra.

Ciclo da matéria – Segunda dimensão

Por um período que se estima entre 150 mil e 50 mil anos, esse homem se modificou, não só em sua aparência, mas em suas atitudes e sua percepção do mundo. Nesse período ele passou a entender o seu mundo como um planeta (aspecto de um plano) e ele passa a ter seu abrigo mais definido, possibilitando assim proteger-se melhor da natureza e de ataques de outros animais e de outros homens.

Consolida-se assim a formação de pequenos agrupamentos em que a convivência entre "semelhantes" é maior, mas persiste certo grau de individualismo onde prevalece ainda o aspecto material, do *eu e minhas coisas*. Muitos dos fósseis encontrados, datados desse período, aparecem acompanhados de utensílios, ferramentas, armas comprovando esse costume do homem dessa época que pode ser classificado como homem das cavernas. É desse período que se constata o contato do *Homo sapiens* com outros hominídeos.

Ciclo da matéria – Terceira dimensão

Neste período de algo em torno de 10 mil anos, o homem passa a ter uma percepção do mundo bem mais aberta. Sua visão da matéria se torna mais ampla. O plano como dimensão perceptível assume novos aspectos. Ele passa a olhar para fora do planeta, mas ainda assim ele não consegue ter uma visão espacial, sendo que até mesmo o céu, com seus astros e estrelas visíveis, é visto como algo fixado ao mundo, por muito tempo chamado de abóbada celeste. É como uma imensa calota transparente onde estão fixados os corpos celestes.

Com o tempo ele passa a criar uma história para explicar a sua existência, passa a *sentir* a existência do *outro* já conseguindo diferenciar aquilo que é palpável do intangível.

Vê desde uma ave que voa alto, dos corpos celestes que se apresentam distantes, até as entidades, fruto da imaginação ou de visões, que por sua existência, apresentavam poder ou sabedoria. Deus efetiva-se nas suas várias formas, de acordo com a imaginação, em alguns casos, e sensibilidade "mediúnica", em outros. Um símbolo desse fato são os totens encontrados em muitas tribos de homens mais primitivos; os ídolos representativos de poderosos deuses e até práticas em cultos.

Na busca do contato com essas entidades superiores, havia o intuito de conseguir algum benefício material e, muitas vezes, ligado à saúde, como era o caso das chamadas pajelanças de cura. Nestas um sensitivo (pajé), colocando o doente ao pé de um totem, fazia danças de perdão por erros cometidos pelo doente, rogando por sua saúde. Mesmo nesta prática, que podemos constatar ter um fundo de sentimento e aspecto religioso, o objetivo material é o principal.

Esse homem tribal, na sua evolução começa a respeitar mais o *outro,* mas o aspecto material é extremamente forte em suas convicções. O poder lhe sobe à cabeça e ele começa a utilizar a matéria para representar sua superioridade. Na tentativa de expressar seu poder ou sua busca, a ligação com seu deus se verifica nas grandes construções como templos, igrejas, pirâmides e nas riquezas que estas apresentam.

Lembremos sempre que a evolução é um caminho onde não basta conhecer, é necessário vivenciar. Não basta saber, é necessário sentir. Só nos livraremos dos males que nosso orgulho e nossa vaidade produzem em nós, quando conseguirmos praticar a humildade indiscriminadamente.

3 A transição para um novo ciclo

Do Ciclo das sensações para o Ciclo da matéria

Transição é o período que transcorre para preparar a maioria dos Espíritos de uma comunidade, desde o fim de um ciclo, até o surgimento de características inerentes ao ciclo seguinte. O fim de um ciclo se caracteriza pelo estado em que a maioria dos Espíritos que vivem nesse período, para continuar evoluindo, necessitam de novos conhecimentos e novas experiências para passar para uma nova fase evolutiva.

Esses novos conhecimentos não são óbvios, frutos da criatividade ou do raciocínio. Requerem mudanças que envolvem todos os níveis dos elementos que constituem o Espírito, desde os mais densos até os mais tênues. Desta forma, em nossa individualidade, podemos dizer que os aspectos ligados à matéria, desde a partícula mais densa até a de mais difícil ponderabilidade, podem sofrer alterações.

A transição do ciclo das sensações ao ciclo da matéria, provavelmente, deve ter se iniciado, quando a maioria dos animais já habitava o nosso globo e os grandes animais, da família dos sauros, já estavam em sua maioria extintos. O material genético para a encarnação já existia, no nosso caso da linhagem dos primatas. Os Espíritos já haviam se sensibilizado, convivendo, ainda no estado de erraticidade, com os seres vivos existentes. Faltava desenvolver-se o processo de ligação do espírito à matéria. Vencida esta etapa iniciaram-se as primeiras encarnações, iniciando-se assim o ciclo da matéria.

Podemos inferir que, para encarnar, os Espíritos já tinham vivenciado as sensações, tinham livre arbítrio de escolha, mas antes da encarnação esta escolha não era muito significativa, diferente daquela quando passamos a ter total responsabilidade pelo que fazemos com o nosso corpo e por meio dele. Essa fase de transição ocorreu em centenas de milhares de anos.

Do Ciclo da matéria para o Ciclo da matéria subatômica

A transição que está ocorrendo em nossos dias, iniciou-se há apenas dois mil anos, mas já é claramente perceptível. Como pontos característicos podemos perceber fatores que envolvem o treinamento de novos comportamentos, visando a modificação de sentimentos, seguido do conhecimento científico, que partindo do aspecto material avança para o conhecimento da energia e da constituição do *invisível.*

As leis que regem o Universo, sempre existiram e são imutáveis. Criadas por Deus, nunca sofreram alteração. Com o conhecimento e as informações podemos abrir portas para nossa evolução, mas só conseguiremos realmente evoluir se tivermos os instrumentos necessários para interpretarmos, ou entendermos aquilo que nos foi transmitido. O mais importante instrumento que temos no ciclo da matéria é a encarnação.

Se falarem a nós sobre sete tonalidades de branco, pode parecer uma brincadeira, mas para um esquimó que vive num mundo em que tudo é branco, ele não só entende como também vê. Para explicar para um homem o que é passar fome, quando nunca passou por isso, ele não entenderá, mas se senti-la ele saberá do que estamos falando.

Falar do amor para quem nunca amou ou foi amado, verdadeiramente, é incompreensível e mais ainda quando ouvimos dizer que o amor material é diferente do amor absoluto. Então não basta saber: é preciso vivenciar. Para vivermos na matéria não precisamos efetivamente amar ao nosso próximo, mas como a lei é evoluir, precisaremos aprender a amar. Não basta saber o que é, mas se não o fizermos, por nossa livre iniciativa, seremos *arrastados* pela lei da evolução, e isso pode ser muito doloroso.

Quadro ilustrativo de Ciclos e Transições

O período de transição pelo qual passamos pode ser entendido da seguinte forma. O nosso Universo está formado com todas as dimensões que possamos imaginar, mas o nosso caminho na evolução é ainda intermediário, o que significa que só teremos entendimento do nível da Matéria Bariônica (matéria densa, formada por prótons, elétrons e nêutrons) até o primeiro nível da próxima dimensão do próximo ciclo.

Daí para frente, podemos dizer que o apresentado é especulação, a menos que tenhamos revelações confiáveis. O que temos na verdade são apenas revelações parciais, mas vale a pena sonharmos, ou aspirarmos a níveis superiores de compreensão, principalmente quando isso não induz a erros de decisão.

O quadro que segue indica-nos o período que nos interessa analisar, pois isso poderá ajudar em nossa evolução, relacionando o conhecimento científico que já temos a nossa disposição, com as revelações trazidas pela espiritualidade, que nos propõem a prática dos sentimentos positivos (que nos interessam) e por consequência a possibilidade de escolhermos o nosso caminho sem perdas de tempo, para evoluir.

Na coluna da direita do quadro está indicada a parte da matéria que estamos passando a vivenciar no estágio evolutivo indicado na coluna da esquerda.

Não podemos esquecer que a vivência é cumulativa, ou seja, a cada nível que alcançamos trazemos a experiência das dimensões anteriores. Como estamos vivendo no Universo com toda sua complexidade material, estamos envolvidos na matéria das outras dimensões, só que não a percebemos, pois, a evolução se dá dimensão por dimensão, aprendizado por aprendizado, passo a passo.

Em outras palavras, temos a seguinte sucessão: após o caos, os Espíritos em formação passam por experiências nos reinos Mineral, Vegetal e Animal (três dimensões), passando a Espíritos Embrionários. Como tal, passam por experiências nos animais inferiores, superiores e primatas (três dimensões). Passando a Humanoides, evoluem como homens primatas, homens das cavernas e homens tribais (três dimensões). E para continuar a evoluir, deverão passar por novas experiências, em novos ciclos, e assim por diante.

CARACTERÍSTICA ESPIRITURAL	DIMENSÕES DA PERCEPÇÃO	UNIVERSO VIVIDO
Centelhas divinas	"Caos"	Em formação
Transição entre Ciclos		
	"Reino Mineral"	
Espíritos em formação	"Reino Vegetal"	Matéria Bariônica
(psiquismo)	"Reino Animal"	
Transição entre Ciclos		
	Animais Inferiores	
Espíritos embrionários	Animais Superiores	Matéria Bariônica
(sensações e instintos)	Primatas	
Transição entre Ciclos		
	Homens Primatas	
Humanoides	Homens das Cavernas	Matéria Bariônica
(sentimentos defensivos)	Homens Tribais	
Transição entre Ciclo da Matéria Bariônica e Subatômica		
	Espírito intuitivo	
Homem evoluído	Espírito consciente	Matéria Subatômica 1
(senso de justiça)	Espírito Superconsciente	
Transição entre Ciclos		
	Protetores individuais	
Esfera angelical	Protetores de grupos	Matéria Subatômica 2
(prática do bem)	Protetores de coletividades	
Transição entre Ciclos		
	Esfera dos guardiões	
Esfera Criativa	Esfera dos criativos	Matéria Subatômica 2
	Esfera dos divinos	

4 O conhecimento científico até o nível da matéria densa

Usaremos como referência para nossas análises a Era Cristã. As principais informações científicas que tínhamos no início dessa era estavam mais ligadas aos pensadores gregos e às filosofias ligadas às religiões. Para os cientistas modernos, o que se tinha na época era uma pré-ciência, principalmente se considerarmos os conhecimentos científicos existentes hoje e principalmente a metodologia empregada para auferir esses conhecimentos.

De qualquer forma, para aquilo que pretendemos apresentar, nossa referência nos possibilitará a reflexão necessária para a devida compreensão. Neste período até os dias de hoje, grandes descobertas foram realizadas, as quais interferiram diretamente na vida da humanidade. As ligadas ao campo da astronomia foram as que mais tiveram repercussão, pois abriram novos caminhos no que se refere a crenças em nível religioso e conquistas em nível material, possibilitando a expansão dos povos sobre o globo terrestre.

As principais descobertas nos dois últimos milênios no campo da Astronomia e das Ciências foram:

- Movimento dos astros no espaço, apresentado por Cláudio Ptolomeu, romano/grego que viveu de 100 a 160 d.C. Foi conhecido por propor o sistema Geocêntrico (a Terra é o centro do Universo), que se equipara filosoficamente ao sistema Antropocêntrico (o Homem é o centro do Universo). Derivação do sistema Teocêntrico (o homem e o mundo existem em função do Criador), que era defendido pela Igreja, na época convivia com a prática da Astrologia, uma forma de prever os acontecimentos.

- Movimento dos astros, apresentado por Nicolau Copérnico, polonês que viveu de 1473 a 1543, com a publicação *pós mortem*, do sistema Heliocêntrico (o Sol é o centro do Universo), que vai contra aos conceitos da religião na época, por negar um princípio religioso do Antropocentrismo.
- Invenção da Luneta, pelo holandês Hans Lippershey (1570 a 1619) em 1608, melhorando as condições de observação astronômica.
- Invenção do Telescópio, pelo italiano Galileu Galilei (1564 a 1642) em 1609, facilitando as observações astronômicas *de precisão.*
- Leis do movimento dos astros do sistema solar, por Johannes Kepler (1571 a 1630). Por conta de seu trabalho, que confirmava os estudos de Copérnico, indo mais além, foi perseguido pela igreja católica. É dele a frase "A Geometria existiu antes da criação, ela forneceu a Deus um modelo de criação. A Geometria é Deus".
- Descoberta do planeta Netuno em 1846, por Johann Gottfread Galle, a partir de previsões de cálculos feitos pelo astrônomo francês Urbain Le Verrier, o que foi para época uma comprovação de que a ciência poderia ser a *chave da criação.*

Paralelamente a isso, no campo da energia, outras descobertas ocorriam, mas por não fazerem parte do macrouniverso, ainda que pudessem beneficiar diretamente o Homem, não foram aceitas pela maioria dos cientistas da época:

- Magnetismo animal, como instrumento de cura, descoberto pelo alemão Franz Anton Mesmer (1734 a 1815) em 1779. Nesse seu trabalho surgiram os magnetizadores que utilizavam essa técnica como cura. Os passes magnéticos dos dias de hoje são formas aprimoradas dessa técnica, quando aplicados no reequilíbrio da saúde corporal.
- Princípios da Medicina Homeopática, descoberta por Samuel Hahnemann (1755 a 1843) em 1796, que até hoje é colocada em dúvida sobre sua eficácia por utilizar-se de medicamentos, em muitos casos, com dinamizações subatômicas.

Na área da biologia, surgiram várias teorias dentre elas:

- Teoria microbiana das doenças, descoberta por Louis Pasteur (1822 a 1895) em 1865, contribuindo significativamente para o combate a contaminações e infecções em pessoas, revelando a causa de epidemias e muitas mortes. A prática de higiene, ainda que de fácil constatação na eficiência na saúde, só foi utilizada por imposição nos hospitais e centros de saúde da época.
- Teoria da origem das espécies, descoberta por Charles Darwin (1809 a 1882) publicada em 1859, confrontando outras teorias da época, promovendo o Naturalismo Científico sobre a Teologia. Este feito chegou a ser comparado por Huxley (proeminente cientista da época) ao feito

de Copérnico com o Heliocentrismo que, apesar de necessitar de alguns ajustes, mudava o rumo do conhecimento.

5 As "revelações" além da matéria densa

Precisamos primeiramente entender quão difícil é passar pelo ciclo de transição que estamos vivendo. Neste, o aspecto material é o principal, acarretando em nós sensações, sentimentos e desejos compatíveis com a materialidade. Já o ciclo que virá estará ligado a percepções, sensibilizações e realizações no campo do amor ao próximo e muitas vezes com total desprendimento da matéria densa.

O entendimento disso carece de uma necessária reflexão. Vencida essa etapa, viver, sem dúvida, é o principal processo, para consolidarmos nossa caminhada evolutiva.

Para uma pessoa que vivia em um lugar e se muda para outro, há uma fase de preparação para sair de onde vive e uma fase de adaptação ao novo ambiente, especialmente, quando a permanência no novo local dependerá de atitudes coerentes com o novo ambiente.

Em nosso caso, em nossa preparação para a mudança, dependeremos de todas as informações possíveis que nos possibilitem adquirir os créditos para a viagem, ou seja, méritos ligados a nossas atitudes. O conhecimento dessas informações pode ser obtido por:

Orientações – regras e normas que nos auxiliem em nossa preparação.

Revelações – constituindo de informações que são chaves para conseguirmos nosso sucesso. Essas revelações não são fáceis de serem entendidas, pois se referem ao novo local para onde iremos. Apresentam as características dos que lá vivem e o novo comportamento que devemos ter (conscientemente). É como se falassem para nós do sabor de uma fruta que não conhecemos e não há nada semelhante para podermos comparar, e mais, essa fruta seria o principal alimento desse novo local.

Descobertas – conhecimentos que vamos adquirindo, que facilitam a nossa vida até o momento da nossa viagem e outros que nos permitem compreender melhor *as revelações* as quais, muitas vezes, aceitávamos por pura fé, mas que também poderemos, a partir das descobertas, assumir como verdadeiras.

Em suma, podemos dizer que, à medida que evoluímos, menos orientações precisaremos para viver, mas dependendo da mudança evolutiva, as revelações e as descobertas são primordiais para continuarmos nosso caminho com eficiência e sem grandes atribulações.

Durante nossa vida aqui na Terra inúmeras orientações recebemos, seja de pessoas mais *iluminadas* que nós, seja através de Espíritos (anjos, mentores, etc.) que através de médiuns nos trouxeram tais orientações. Quando a informação trazida é útil para a nossa evolução, não importa a fonte, pois diversas fontes poderão ser fidedignas. As grandes orientações recebidas até hoje foram de normas comportamentais rígidas, como os mandamentos e as leis, que por muito tempo auxiliaram o Homem em sua convivência com o semelhante.

As Revelações trazidas por Jesus

Os ensinamentos trazidos por Jesus, não são simples orientações, como inicialmente podemos supor. As leis (mandamentos trazidos por Moisés) que vigoravam na época e vigoram até hoje, não eram suficientes para estimularem o Homem a mudar seu comportamento *conscientemente*. Como falou Jesus, "não vim mudar as leis, mas sim para que sejam cumpridas", vemos claramente que o comportamento proposto por Moisés não é suficiente para nos proporcionar evolução. Também nem sempre certos comportamentos, mesmo que praticados à exaustão, podem nos estimular a mudanças.

Ressaltamos uma passagem de Jesus, que consta do Evangelho de João (9; 39) e também apresentada no *Evangelho segundo o Espiritismo* no Capítulo XVIII – 11: "E disse Jesus: Eu vim a este mundo para (*) juízo, afim de que os que não veem, vejam, e os que veem, se tornem cegos". Este trecho traduzido diretamente do Grego para o português (que difere do traduzido do francês) apresenta Jesus como portador de uma nova mensagem. Diferente de revelações anteriores Ele não veio para definir novas regras, nem para nos julgar, como imaginaríamos se fosse dito "vim para *exercer* juízo". Mas na essência do versículo, "vim para *exercitar* juízo", ou no texto trazido direto do grego "vim para juízo", dando-nos os elementos necessários para esse exercício, que devemos praticar diariamente em toda nossa vida, o juízo, *ver para quem ainda não vê, e para quem já vê tornar-se cego,* pois a justiça é cega. Um reforço a isso podemos ver nas bem-aventuranças, quando exorta a importância das boas atitudes para a evolução espiritual.

Mas, se não bastasse, ainda nos deixa uma *lição de casa* como exercício, para verificarmos até que ponto já conseguimos *ver sem julgar:* as parábolas. Estudando-as, poderemos entender o quanto é possível errar se utilizarmos a simples lógica da razão materialista, sem o juízo. Jesus propôs que pensássemos com o coração. O que acontece na matéria é apenas a parte *visível* da vida, porém o invisível, o sentimento, deve justificar a vida.

Para exercício, podemos lembrar da parábola do filho pródigo, apresentada no Evangelho de Lucas (15: 11-32).

[11] E disse: Um certo homem tinha dois filhos. [12] E o mais moço deles disse ao pai: Pai dá-me a parte da fazenda que me pertence. E ele repartiu por eles a fazenda. [13] E, poucos dias depois, o filho mais novo, ajuntando tudo, partiu para uma terra longínqua e ali desperdiçou a sua fazenda, vivendo dissolutamente. [14] E, havendo ele gastado tudo, houve naquela terra uma grande fome, e começou a padecer necessidades. [15] E foi e chegou-se a um dos cidadãos daquela terra, o qual o mandou para os seus campos a apascentar porcos. [16] E desejava encher o seu estômago com as bolotas que os porcos comiam, e ninguém lhe dava nada. [17] E, caindo em si, disse: Quantos trabalhadores de meu pai têm abundância de pão, e eu aqui pereço de fome! [18] Levantar-me-ei e irei ter com meu pai, e dir-lhe-ei: Pai pequei contra o céu e perante ti. [19] Já não sou digno de ser chamado teu filho; faze-me como um dos teus trabalhadores. [20] E, levantando-se, foi para seu pai; e, quando ainda estava longe, viu-o seu pai, e se moveu de íntima compaixão, e, correndo, lançou-se lhe ao pescoço, e o beijou. [21] E o filho lhe disse: Pai, pequei contra o céu e perante ti e já não sou digno de ser chamado teu filho. [22] Mas o pai disse aos seus servos: Trazei depressa a melhor roupa, e vesti-o, e ponde-lhe um anel na mão e sandálias nos pés, [23] e trazei o bezerro cevado, e

matai-o; e comamos e alegremo-nos, 24 porque este meu filho estava morto e reviveu; tinha-se perdido e foi achado. E começaram a alegrar-se.

25 E o seu filho mais velho estava no campo; e, quando veio e chegou perto de casa, ouviu a música e as danças. 26 E, chamando um dos servos, perguntou-lhe que era aquilo. 27 E ele lhe disse: Veio teu irmão; e teu pai matou o bezerro cevado, porque o recebeu são e salvo. 28 Mas ele se indignou e não queria entrar. E, saindo o pai, instava com ele. 29 Mas, respondendo ele, disse ao pai: Eis que te sirvo há tantos anos, sem nunca transgredir o teu mandamento, e nunca me deste um cabrito para alegrar-me com os meus amigos. 30 Vindo, porém, este teu filho, que desperdiçou a tua fazenda com as meretrizes, mataste-lhe o bezerro cevado. 31 E ele lhe disse: Filho, tu sempre estás comigo, e todas as minhas coisas são tuas. 32 Mas era justo alegrarmo-nos e regozijarmo-nos, porque este teu irmão estava morto e reviveu; tinha-se perdido e foi achado.

Esta parábola, como as demais, nos leva à reflexão sobre os critérios que devemos ter para entendermos nosso mundo material, não cabendo a nós julgarmos quem estará certo, se o filho mais novo ou o mais velho, mas compreender o mundo dentro da dimensão *juízo,* onde o *tempo* tem que estar associado ao *espaço* para *vermos*, além dos fatos materiais (ambientes distintos em que cada filho viveu), a evolução espiritual em cada caso, e assim procedendo não julgar (ou seja, nos tornarmos cegos). Para quem quiser se aprofundar um pouco mais na parábola acima observe os versículos 14, 17 e 21 onde se apresentam a vivência com sofrimento, o juízo e a aceitação, elementos próprios da evolução.

A dissociação do *espaço* do *tempo* pode trazer-nos o desejo do imediatismo das coisas da vida.

As Revelações trazidas pelo Espírito de Verdade

Dezoito séculos haviam se passado desde a vinda de Jesus. O Cristianismo se expandiu, passou em certos casos a fazer parte do poder político vigente em muitas nações. Sofreu dissenções, se dogmatizou em alguns casos, mas acima de tudo se popularizou.

O primeiro passo, trazer um aspecto mais espiritual aos homens, estava sendo alcançado. Esse movimento, que tinha seu centro principal na Europa, era levado a outras partes do mundo por missionários, que por vezes acompanhavam caravanas de conquistadores que visavam o poder, saqueando e dominando outros povos, ao falar da palavra do Cristo, conseguia muitos adeptos.

Muitas *nações visitadas* possuíam algum desenvolvimento e estabilidade econômico-social, outras eram extremamente pobres e carentes, ocorrendo tanto a escravização como o saque de bens e até a formação de laços comerciais, que seria o desejável sempre.

Em grandes nações já existentes, em muitos países visitados, a estrutura social não possibilitou a dominação político-social e nem a influência religiosa, pois esses países já possuíam uma filosofia de vida estruturada em crenças nacionais, sedimentadas há centenas de anos, comuns até hoje a povos orientais, como chineses e hindus.

A Europa e a Ásia Menor, berço do Cristianismo, cumpria em parte a obrigação de levar o Evangelho de Jesus àqueles que ainda não tinham uma razão de vida. A principal mensagem de que *o reino de Deus não é deste mundo*, com a divulgação, haveria de chegar aos corações dos homens.

Todavia, quanto mais evoluímos em conhecimentos científicos, ligados à matéria, mais corremos o risco de nos afastar de Deus, principalmente quando esses conhecimentos nos fazem crer que o que vivemos e conhecemos é ou será fruto de nossa capacidade e, além do mundo material, que nós conseguimos interpretar, nada mais existe.

Era assim que o Homem Ocidental se sentia. Conseguiu desvendar os mistérios do Universo (o visível, é claro). Conseguia entender como muitas doenças ocorriam. A vida estava limitada às características da natureza, restringindo as satisfações e prazeres a uma existência. Quanto mais evoluía, mais se prendia à matéria. Mas se individualmente isso era contornável, no coletivo era causador de guerras, conquistas e busca do poder. Os cientistas e pesquisadores que deveriam com seus feitos e conhecimentos fortalecerem o Homem, acabaram abrindo uma batalha contra os religiosos, pois o que a religião tentava apresentar como verdade, muitas vezes não era coerente com a realidade dos fatos. Mais complicado do que a existência de um Deus punidor (característica do Homem temente a Deus) é a não-existência de Deus.

É nesse ambiente de profunda depressão espiritual que alguma coisa precisaria ser feita. Algo que mostrasse novamente aquilo que Jesus havia trazido, através da dimensão do amor. Mostrar ao Homem o que ele não estava vendo, conforme Jesus desejava, pois estava cego ainda sem ter visto.

Assim, através do Espiritismo, a plêiade de inteligências conhecida como o Espírito de Verdade apresentou novas revelações e estas, através de uma nova linguagem, mostraram que o Homem ainda precisava caminhar muito nos conhecimentos científicos, para entender um pouco mais de

Deus. E, se quisesse realmente encontrar a felicidade desejada, precisaria de muito esforço e ter como filosofia de vida, nada mais nada menos, aquilo que Jesus havia revelado. Só que não bastava saber, teria que por em prática. Mais ainda, fora da Caridade não há salvação, que é praticar com o coração.

Em 18 de abril de 1857 surgiu *O Livro dos Espíritos*.

6 O conhecimento científico insuficiente para explicar fenômenos existentes e fatos ocorridos

Com o desenvolvimento das novas embarcações impulsionadas pelos ventos o Homem viajava na conquista de terras desconhecidas, das *grandes* nações europeias. Enquanto isso, o céu era observado por cientistas que tentavam desvendar os enigmas divinos. Podiam ser considerados divinos, pois era da Igreja *o poder* de conhecer Deus em seus atributos.

A complicação se instalava no fato de que Copérnico, talvez o principal pesquisador da época, trabalhava para a igreja, mas foi ele quem descobriu que a Terra não era o centro do Universo, simplesmente um mundo como outros conhecidos que orbitavam em torno do Sol. Portanto o Homem não era o centro do Universo, inclusive poderiam existir outros mundos habitados.

Como soltar a bomba e não sofrer as consequências? Pediu a um amigo que seus estudos somente fossem publicados após sua morte, e assim foi feito. Em 1543, de autoria de Nicolau Copérnico, o livro *De revolutionibus orbium coelestium* ("Da revolução de esferas celestes") foi publicado. Este livro foi um marco na evolução dos conhecimentos astronômicos, sendo que, a partir daí, inúmeros trabalhos foram desenvolvidos.

E com a invenção do telescópio (1609), novas descobertas foram realizadas e novas teorias surgiram, fortalecendo o conhecimento científico. Mas nem tudo são flores, pois na ciência não basta descobrirmos os fatos, muitas vezes temos que explicá-los, e nem sempre a explicação é possível com os conhecimentos que temos. Mas prossigamos no relato dos fatos.

O fato principal é que estávamos falando de nosso sistema solar como se estivéssemos falando de Universo, que é o que se tinha para aquele momento da ciência. Com as leis de Kepler (1571 a 1630) o movimento dos astros em torno do Sol passou a ser explicado com razoável precisão, tornando possível localizar, no espaço, um determinado astro através de cálculos. Por volta de 1800 conheciam-se Mercúrio, Vênus, Terra, Marte, Júpiter, Saturno e Urano (descoberto em 1781).

Um conceituado astrônomo francês Urbain Joseph Le Verrier (1811 a 1877), diretor do Observatório Astronômico de Paris, constatou que os Planetas Urano e Mercúrio, não seguiam as órbitas previstas por cálculos, o que significava a clara interferência de outros astros no sistema solar ainda não conhecidos.

Em 1833, Urbain propôs que deveria haver outro planeta além da órbita de Urano, em relação ao Sol, e outro aquém da órbita de Mercúrio, entre este e o Sol. Em 1846, foi descoberto o planeta Netuno, influenciador da órbita de Urano, e isto trouxe a certeza de que descobrir o planeta que influenciava a órbita de Mercúrio era questão de tempo. Antecipando os fatos, a comunidade científica da época, colocou nas cartas astronômicas o *novo* planeta, dando-lhe o nome de Vulcano, *deus do fogo* (ver figura) e para comprovar sua existência necessitaria apenas de uma observação em condições favoráveis, sem interferência da luz solar.

Por mais de 50 anos o novo planeta permaneceu nas cartas astronômicas, sem nunca ter sido descoberto, até que Albert Einstein provou, por meio da Teoria da Relatividade, que a órbita de

Mercúrio estava correta, sem a existência de outro planeta. Vulcano estava *alijado* do sistema solar.

Na comunidade científica, na qual os conceitos são apresentados, mesmo quando há certeza do fato e a precisão das observações é muito alta, podem ocorrer erros. O que dizer se os dados que nos levam a um conceito são imprecisos? A teoria de Einstein, que provou a inexistência de Vulcano, até hoje ainda está em análise, pois o fato consumado lhe dá grande credibilidade, mas as novas descobertas da ciência poderão trazer outra *luz* e uma explicação mais adequada.

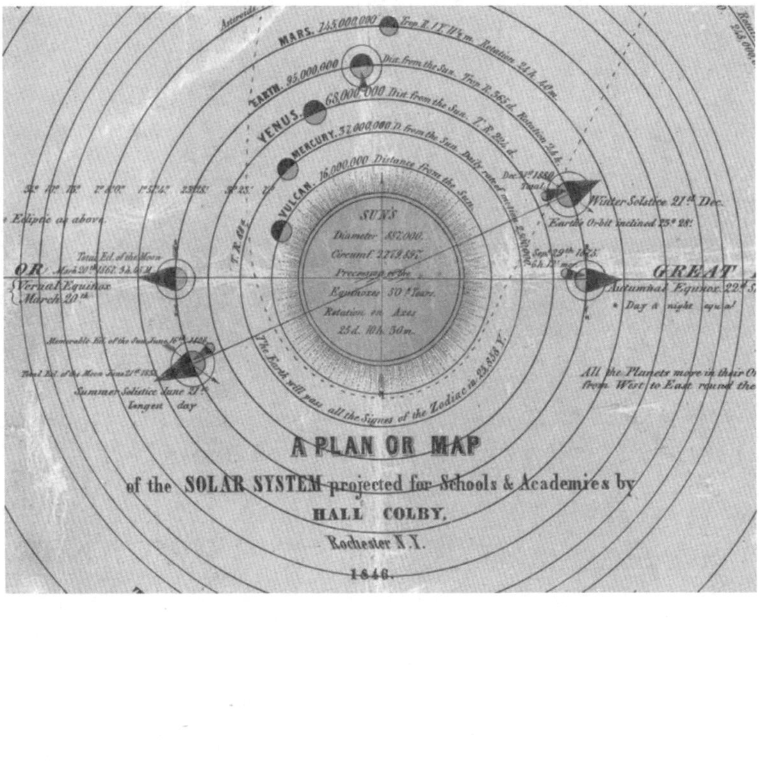

7 As novas descobertas da Ciência a caminho da transição

Como dissemos, a mudança de um ciclo para outro não é instantânea. Há um período de transição em que não só o ser Humano necessita do conhecimento para viver a nova dimensão, como os Espíritos necessitam de se *qualificarem* para viverem nessa nova dimensão. Um astronauta passa por treinamentos para poder viver no espaço, com forma de alimentação diferente, gravidade diferente, atmosfera rarefeita mas, sobretudo, precisa se educar mentalmente para viver no novo ambiente. Mais do que uma educação física necessária, será necessária uma educação espiritual de sentimentos, como confiança, determinação, paciência.

Neste último século, a ciência deu um salto qualitativo às novas descobertas. Isso ocorreu por diversos fatores dentre os quais:

- A dedicação à pesquisa, que ocorria em alguns casos isoladamente e muitas vezes por um só indivíduo (até por problemas egoísticos), passou a ser realizada por grupos que se conectam, chegando aos dias de hoje a globalização, rompendo, nas descobertas, o limite das fronteiras, haja vista os prêmios recentes dados às *teorias atuais sobre o Universo* a grupos e pessoas de países diferentes.
- O desenvolvimento de novos equipamentos, com novos conceitos tecnológicos, que permitem aferições mais precisas de dados, e coleta de informações antes não possíveis com os equipamentos existentes. Telescópios construídos e em construção em diversas partes do mundo

e até no espaço, que possibilitam observações astronômicas simultâneas de locais distintos da Terra e tantos outros equipamentos, como aceleradores de partículas, microscópios atômicos, campos de antenas captadoras de raios cósmicos, etc.

- A correlação entre as várias áreas da ciência que têm possibilitado uma total ligação entre o microuniverso e o macrouniverso, integrando as grandes descobertas astronômicas às grandes descobertas atômicas e subatômicas. Uma alimentando a outra no campo das pesquisas.
- O desenvolvimento de uma metodologia, mais lógica no sentido de acompanhar melhor os vários passos da ciência, levando em conta os vários fatores, comentados acima, em ações integradas, unindo pesquisadores astrônomos, astrofísicos, físicos nucleares, analistas científicos, cosmólogos (espécie de filósofos da ciência) que sugerem teorias a serem pesquisadas, diante da evolução da ciência. Essa ação tem propiciado um aproveitamento maior dos vários equipamentos desenvolvidos. Uma aferição de resultados obtidos por grupos diferentes possibilita um avanço mais rápido dos conhecimentos e com segurança. No surgimento de *indício* de novos fatos estes podem ser pesquisados por novos grupos provando ou negando o indício com mais rapidez.
- A dedicação de pessoas que, totalmente desprendidas de benefícios pessoais, sejam da fama, sejam do dinheiro, deram suas vidas pela busca do conhecimento para todos.

A título de reflexão, segue um fluxograma simplificado do que ocorre no desenvolvimento de uma Teoria, sua verificação no campo da pesquisa, até ela poder se transformada em Lei *ou não*.

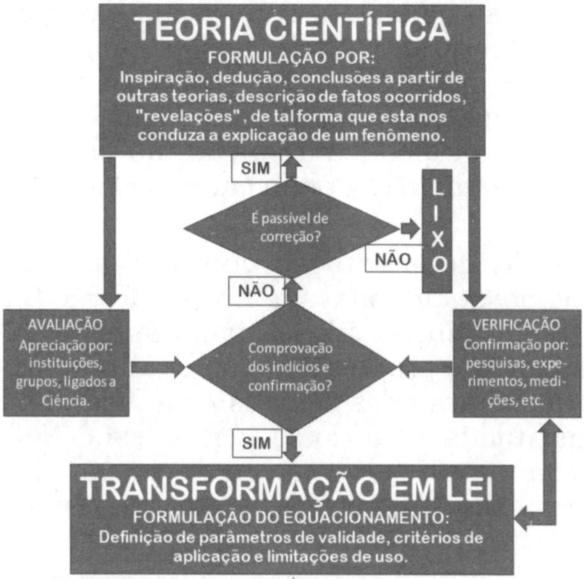

No século 4° a.C. o filósofo grego Aristóteles (384 a.C. a 322 a.C.) apresentou a seguinte teoria, "que corpos pesados caem em tempos distintos, em direção ao solo, dependendo do seu peso e altura da queda". Alguns *menos avisados* nos dias de hoje diriam que essa teoria estaria certa. Entretanto após vinte séculos, Isaac Newton corrigiu esta teoria e, particularmente, para o caso, o tempo dependia da altura da queda, mas não do *peso*, ou seja, corpos de pesos diferentes caem de mesma altura em tempos iguais, sendo a resistência do ar, por exemplo, o fator que poderá alterar o tempo, nesse caso. Se na época de Aristóteles existisse uma máquina pneumática que produzisse *vácuo*, a teoria provavelmente não teria sido formulada erradamente, ou teria sido corrigida bem antes. A máquina pneumática foi inventada por volta de 1650, pelo físico alemão Otto Von Guericke.

Em alguns museus de Ciência pode se encontrar dois tubos de vidro com cerca de um metro de extensão cada, um com *vácuo* e outro contendo ar e tendo dentro de ambos uma pena e um pedaço de metal. Quando viramos os dois de cabeça-para-baixo, a pena do com *vácuo* cai na mesma velocidade do pedaço de metal, ao passo que com ar, evidentemente, a pena cai mais lentamente que o metal.

Na lei da gravitação universal temos: Se dois corpos possuem massa, ambos sofrerão uma força de atração mútua proporcional às suas massas e inversamente proporcional ao quadrado da distância que separa seus centros de gravidade. Essa lei foi formulada pelo físico inglês Isaac Newton em 1685, após ele ter conseguido provar que a distância, a ser considerada, era a que separava seus centros de gravidade.

Em 1905, foi publicada por Albert Einstein a Teoria da Relatividade Especial. É com certeza a porta das teorias modernas sobre o conceito de Universo. Ela é uma conclusão de estudos de diversos outros físicos e substitui o conceito da Teoria de Newton através da ideia de espaço-tempo como uma entidade geométrica unificada. O aspecto extraordinário dessa teoria é que independente do referencial que se utilize, em uma experiência, a velocidade da Luz (no espaço) é constante e pré-definida.

A Teoria da Relatividade já sofreu vários ajustes, por uma série, de novas descobertas ocorridas, como é normal acontecer na transformação de teorias em leis (ver Fluxograma). Em tal teoria, dentro de suas diversas reformulações, a Constância da Velocidade da Luz, vem se mantendo verdadeira *heroicamente*, até onde avançou o conhecimento humano.

A Lei de Hubble, apresentada em 1923 pelo cientista americano Edwin Hubble (1889 a 1953), determina a velocidade de afastamento de uma galáxia em função de sua distância: $v=H_0.d$, sendo:

- v = Velocidade de afastamento de uma galáxia (km/s);
- H_0 = Constante de Hubble (71 km/s.Mpc);
- d = Distância da galáxia (Mpc).
- (Mpc = unidade de distância em Megaparsec ou 3,26 milhões de anos-luz)

Teoria do "átomo primordial", apresentada em 1931 por Georges Lemaître. Esta, com o passar do tempo, passou a ser chamada de Teoria do Big Bang. Essa teoria é sustentada cientificamente por pesquisas e medições e fala sobre o desenvolvimento inicial do Universo, a partir de um ponto de partida.

É importante lembrar que o nosso objetivo não é discutir a validade das diversas teorias existentes sobre o funcionamento do Universo, ou se todos seus princípios são ainda válidos. Primeiro porque não temos o conhecimento científico específico, sequer de entendermos a complexidade matemática da formulação dessas várias teorias; e segundo porque a própria ciência, com seus milhares de pesquisadores, no intuito de ajustarem cada Lei existente, descobrem os diversos equívocos que possam ter ocorrido, retificando essas Leis, complementando-as ou eliminando-as de vez.

É o que poderemos ver, num breve relato do ocorrido, até chegarmos ao conhecimento que temos hoje e que nos faz pensar o que desejamos de nossas vidas. Não como um ser que, na maioria dos casos, lembra-se apenas de sua última existência, mas de um ser que está tomando consciência de seu passado, sua existência presente, e seus reais objetivos futuros, dentro de um mundo verdadeiro, não de ficção.

Com relação aos elementos que compõe o Universo, até 1930 apenas se conhecia a existência dos átomos, como elemento formador da matéria e este formado por prótons e elétrons, além das partículas subatômicas neutrinos e fótons. Estas duas últimas, para os cientistas eram consideradas sem massa. O nêutron só foi descoberto pelo físico inglês James Chadwick em 1932, que recebeu o Prêmio Nobel de Física em 1935 por essa descoberta.

Hoje, com o desenvolvimento de novos equipamentos, já se sabe da existência de algumas dezenas de partículas subatômicas, algumas neutras e outras com carga elétrica, sem contar com aquelas que os pesquisadores, têm o indício da existência, mas precisarão encontrar a prova "material".

A título de curiosidade, para entendermos o quão difícil é essa pesquisa, foi somente por volta dos anos 2000 que se descobriu que os neutrinos têm massa. Essa descoberta proporcionou ao cientista Takaaki Kajita (nascido em 1959 no Japão) e ao cientista Arthur B. McDonald (nascido em 1943 no Canadá) o prêmio Nobel de física de 2015.

Mais curiosidades: "Neutrinos são partículas subatômicas com uma massa tão pequena que um deles é capaz de atravessar um cubo de chumbo sólido, com um ano-luz de aresta, sem se chocar com a matéria. Calcula-se que 50 trilhões de neutrinos atravessam o nosso corpo diariamente".

Em março de 2018 foi publicado que muitos cientistas buscam, por meio de testes em colisões de partículas, provar a existência do Bóson de Higgs. A teoria de sua existência foi Prêmio Nobel de Física de 2013. O Bóson de Higgs também ficou conhecido como "Partícula de Deus". Seria, portanto, uma partícula do elemento básico que compõe tudo que existe. É como se existisse um conjunto de peças primordiais as quais, dependendo da forma que agrupássemos umas às outras, poderíamos fazer todos os elementos que compõem o nosso Universo. Imaginá-la já conseguimos, mas será que já temos conhecimento, *evolução* e tecnologia para provar sua existência? Só o futuro nos dirá!

Foi a partir de 1950 que passaram a ocorrer deduções científicas significativas sobre o Universo. As Teorias foram sendo *ajustadas* e graças ao esforço inconteste de astrônomos, astrofísicos, matemáticos e cosmólogos, hoje temos uma explicação mais racional (ou talvez mais real) sobre o *funcionamento* do Universo.

Esse trabalho em muitos casos representou toda a vida de pessoas dedicadas, que se dispuseram a um ideal, e muitas não viveram o suficiente para ver o trabalho concretizado. Só o fato de serem elos dessa corrente que se iniciara há poucos séculos já constituiu, para eles, um prêmio. É como se soubessem que, ainda que uma encarnação não fosse suficiente, a vida continuaria. Ao leitor que queira ter mais conhecimento sobre este assunto, sugerimos o livro apresentado na Bibliografia: "*De que é feito o Universo?*"

Entre as grandes descobertas desse último período, podemos ressaltar as reconhecidas internacionalmente por meio dos vários órgãos da ciência e, principalmente, pelas várias edições do Prêmio Nobel (PN):

- PN de Física de 2006, dado a dois físicos norte-americanos que comprovaram a Radiação Cósmica de Fundo de Micro-ondas, que reforça a teoria do Big Bang e estima com razoável precisão a idade do Universo.

- PN de Física de 2011, dado a três norte-americanos que comprovam que o Universo está em expansão acelerada. Contatou, através de estrelas Supernovas próximas e distantes que o Universo, nos últimos cinco bilhões de anos, dobrou de tamanho. Comprova também que as equações propostas por Einstein em 1915, estão corretas.
- PN de Física de 2013, dado a um belga e um britânico que descobriram, em forma teórica, a existência do Bóson de Higgs, "partícula de Deus".
- PN de Física de 2015, dado a um japonês e um canadense, por demonstrarem que o neutrino tem massa. Por se tratar de um dos elementos subatômicos de maior quantidade no Universo pode ser uma das principais partículas que compõe a Matéria Escura que constitui o Universo.
- PN de Física de 2016, dado a um escocês e dois ingleses, que demonstraram a existência de "matéria exótica", ou seja, partículas que apresentam massa negativa. É mais um problema a ser explicado!
- PN de Física de 2017, dado a um alemão e a dois norte-americanos, que detetaram as ondas gravitacionais, previstas por Einstein há mais de 100 anos. Essas ondas são produzidas por grandes fenômenos, por exemplo, colisões de galáxias ou de buracos negros, que produzem no espaço uma ondulação gravitacional que se propaga da mesma forma que uma onda produzida por uma pedrinha jogada na superfície de um lago. *Com a existência da Matéria Escura e da Energia Escura fica mais fácil entender porque essa propagação de onda ocorre.*

Diante de todas essas descobertas da ciência, a Teoria sobre a existência do Universo, de consenso dos meios científicos mundiais, diz que:

Pelos dados recentes do satélite Planck, o universo teria topologia plana (cinematicamente falando, ele está se expandindo a uma taxa constante) e seguiria assim praticamente para sempre (ou seja, não e cíclico nem fechado). De acordo com os dados de observação das Supernovas Ia (de 1998 até os mais recentes), o universo sofreu recentemente uma aceleração de sua taxa de expansão padrão (e esse fato continua sendo monitorado pelos cientista). A partir do Big Bang (fenômeno considerado o início do Universo) já transcorreram cerca de 13,75 bilhões de anos. Ele é totalmente preenchido por matéria, sendo cerca de 5% da chamada Matéria Bariônica, uma parte de Matéria Escura (descoberta há pouco tempo) e outra de Energia Escura (também descoberta há pouco tempo).

Existem outras teorias, mas que não invalidam a apresentada acima, como a da pluralidade de universos, que só poderá ser constatada mediante a criação de equipamentos mais potentes, que possam medir a radiação desses. Para o nosso caso, toda análise que faremos se prende ao descoberto e comprovado e, qualquer outro conhecimento, que esteja por vir, será antes de tudo um detalhamento dos fatos descobertos.

8 As novas descobertas da Ciência e as Revelações trazidas pelo Espírito de Verdade

Nestes últimos 150 anos, como se pode constatar, o conhecimento humano apresentou um desenvolvimento extraordinário. Esse desenvolvimento não se limitou a física, a química, a astronomia, mas alcançou diversas outras áreas da ciência, como paleontologia, biologia, sociologia, etc.

Considerando-se que as revelações têm como objetivo trazer à humanidade conhecimentos e orientações que possam auxiliar o progresso, especialmente nos momentos em que este progresso possa correr o risco de se perder, se atrasar, ou seguir rumos em que o impulso da evolução, nos leve a sofrimentos indesejáveis, essas revelações necessitam de confiabilidade.

Diante deste pensamento procuramos fazer uma releitura de *O Livro dos Espíritos*, buscando assim não só podermos confirmar as revelações apresentadas, mas também para compreender como podemos utilizar esse conhecimento para a nossa evolução. As questões estão colocadas podendo ser apenas afirmações, dogmas ou hipóteses até que possam ser provadas. Sua aceitação sem comprovação configuraria o estabelecimento de dogmas que, se negados, podem *destruir* a fé. Quando comprovadas podem fortalecer o *crente* na caminhada escolhida, principalmente, no caso que abordamos, em que estamos na transição para um novo ciclo.

Na releitura que fizemos à luz dos novos descobrimentos, separamos algumas questões em que se torna evidente a revelação e a finalidade da mesma no sentido de orientar a evolução. É claro que, mesmo nas outras questões não comentadas, há ensinamentos que merecem nossa reflexão.

Apresentamos as perguntas (com a numeração de *O Livro dos Espíritos, segunda edição*) feitas ao Espírito de Verdade, seguida pela resposta entre aspas e em alguns casos, seguido de comentário explicativo de Kardec (CEK), com a visão que se tinha na época, e na sequência uma reflexão nossa sobre o assunto.

Deus E O Infinito

1. O que é Deus? "Deus é a inteligência suprema, causa primeira de todas as coisas."

A ciência, ao contrário do que alguns pensam, não afasta o homem de Deus, o aproxima. Uma das mais conceituadas astrônomas norte-americanas, Vera Rubim (1928 - 2016), dedicou 60 anos de sua vida ao estudo do Universo, mais especialmente no estudo do movimento das galáxias, de onde se comprova a existência da matéria escura. Dizia ela que sua dedicação à ciência nunca a afastou de sua crença em Deus. Lembremos Louis Pasteur (1822 - 1895), que viveu no período crítico do conflito filosófico entre a igreja e as novas descobertas da ciência: "Um pouco de ciência nos afasta de Deus, muito no aproxima." Lembremos, também, de uma das muitas frases de Albert Einstein: *"Quanto mais me aprofundo na Ciência, mais me aproximo de Deus."*

2. O que devemos entender como infinito? "Aquilo que não tem começo nem fim: o desconhecido, tudo que é desconhecido é infinito."

Não é fácil lidar-se com o conceito de infinito, principalmente quando estamos incluídos nele.

Somos ainda imediatistas, afinal a nossa existência corpórea atual é breve, mas é melhor sabermos a verdade das coisas, do que vivermos uma ilusão. Por isso, se o caminho total é longo, vamos valorizar cada minuto, desde este em que estamos, pois não é o longo caminho que nos traz o tédio, mas o desinteresse da vida que nós mesmos criamos ao percorrê-lo.

Atributos Da Divindade

10. O homem pode compreender a natureza íntima de Deus? "Não; é um sentido que lhe falta."

Com certeza, um dia, estaremos mais próximos dele, se é que não percebemos que já estamos. Mas como ainda não temos a capacidade de compreender sua natureza íntima, pelo menos podemos compreender sua obra e participar dela no dia a dia.

11. Será dado ao homem algum dia compreender o mistério da Divindade? "Quando seu Espírito não estiver mais obscurecido pela matéria e que pela sua perfeição ele estiver mais próximo dela, então ele a verá e a compreenderá."

(CEK) A inferioridade das faculdades do homem não lhe permite compreender a natureza íntima de Deus. Na infância da humanidade, o homem o confunde frequentemente com a criatura que ele lhe atribui as imperfeições; mas à medida que seu senso moral se desenvolve, seu raciocínio penetra melhor no fundo das coisas, e ele tem uma ideia mais justa e conforme a razão saudável, embora sempre incompleta.

Nesta transição de ciclos já estamos conscientes de muitas coisas, das quais nem tínhamos noção da existência. Há alguns séculos achávamo-nos o centro do Universo. Hoje, pelo menos, já sabemos que não somos tudo isso. No próximo ciclo, em função da nossa evolução, estaremos despojados desta matéria que nos ofusca a visão. Se ainda não temos compreensão, por *ofuscamento* da matéria, da Divindade, vamos nos preparar com afinco, pois *fatalmente* um dia perderemos esse ofuscamento, e muito aborrecedor seria descobrirmos que o nosso ofuscamento poderá não ser só da matéria.

Conhecimento Dos Princípios Das Coisas

18. O homem um dia penetrará no mistério das coisas que lhe são escondidas? "O véu se eleva para ele à medida que se purifica; mas para compreender certas coisas, ele precisa de faculdades que ainda não possui."

Há menos de duas décadas não sabíamos da existência da matéria escura, e ela existe. É fácil percebermos que ainda nos faltam faculdades para muitas coisas. Se conseguirmos adquirir aquela faculdade pela qual Jesus veio, ou seja, adquirirmos Juízo, grande passo estaremos dando nesta encarnação.

19. Não pode o homem, através das investigações da ciência, penetrar em alguns dos segredos da natureza? "A ciência foi dada a ele por seu avanço em todas as coisas, mas ele não pode ir além dos limites estabelecidos por Deus."

(CEK) Quanto mais é dado ao homem penetrar nestes mistérios, mais sua admiração deve ser grande pelo poder e sabedoria do Criador; mas, seja por orgulho ou por fraqueza, sua própria inteligência muitas vezes faz dele o brinquedo da ilusão; Ele abarrota sistemas em sistemas e todos os dias lhe mostra quantos erros cometeu por verdades, e quantas verdades ele rejeitou como erros. Todas essas são decepções para seu orgulho.

Quanto mais avançamos na Ciência, mais amplo é o novo conhecimento que precisamos ter para dar um novo passo na evolução. Quando descobrimos uma coisa nova dentro da Ciência, um novo conhecimento só será possível, quando já soubermos *utilizar* o conhecimento adquirido. É possível percebermos que Deus nós da as *armas* necessárias para cada avanço. *Armas* demais muitas vezes nos atrapalham, haja vista, no campo espiritual, a mediunidade.

20. Além das investigações da ciência, é dado ao homem receber comunicações de uma ordem superior daquilo que escapa ao testemunho de seus sentidos? "Sim, se Deus julgar útil, ele pode revelar o que a ciência não pode apreender."

(CEK) É através dessas comunicações que o homem atrai, dentro de certos limites, o conhecimento de seu passado e do seu destino futuro.

Isso é exatamente o que ocorreu, com as revelações do Espírito de Verdade. Tanto assim que até os nossos dias existem revelações que ainda não foram comprovadas pela Ciência, e nem negadas se é que possam ser.

Espírito E Matéria

22. Definimos geralmente a matéria como: o que tem entendimento; o que pode causar uma impressão nos nossos sentidos; o que é impenetrável; essas definições são corretas? "De seu ponto de vista, isso é correto porque você fala apenas do que conhece; mas a matéria existe em estados desconhecidos para você; pode ser, por exemplo, tão etérea e sutil que não impressiona os seus sentidos; no entanto, ainda é matéria, mas para você não será." Que definição você pode dar da matéria? "A matéria é o meio que conecta o espírito; é o instrumento que lhe serve e no qual, ao mesmo tempo, exerce sua ação."

(CEK) Deste ponto de vista, pode-se dizer que a matéria é o agente, o intermediário por meio do qual e no qual a espírito atua.

A Matéria Escura só foi descoberta neste século. É importante não esquecermos que a Ciência descobriu também a Energia Escura e ambas possuem características de micropartículas em suas composições. Só se descobriu a massa do neutrino em 2015 e hoje se sabe que existem inúmeras outras partículas com massa menor que a do neutrino.

23. O que é o espírito? "O princípio inteligente do universo." - Qual é a natureza íntima do espírito? "O espírito não é fácil de analisar na sua linguagem. Para você, não é nada, porque o espírito não é algo palpável; mas para nós é algo. Saiba que nada é nada e o nada não existe."

Novamente o Espírito de Verdade, procura falar da matéria até então desconhecida. Mais adiante o assunto volta à pauta.

24. O espírito é sinônimo de inteligência? "A inteligência é um atributo essencial do espírito; mas um e outro se confundem num princípio comum, de modo que para você é a mesma coisa."

O radicalismo é um dos ofuscadores da inteligência, nos criando barreiras. A ciência pode nos indicar caminhos úteis a nossa evolução. A religião deve nos orientar na escolha. Felizmente temos o livre arbítrio para escolher.

Propriedades Da Matéria

29. A ponderabilidade é um atributo essencial da matéria? "Matéria como você entende, sim; mas não a matéria considerada como fluido universal. A matéria etérea e sutil que forma esse fluido é imponderável para você, e não deixa de ser o princípio de sua matéria pesada."

(CEK) O peso é uma propriedade relativa; fora da esfera de atração dos mundos, não há peso, assim como não há nem alto nem baixo.

A matéria conhecida pela ciência na época é a hoje chamada de bariônica, que deu origem a primeira tabela periódica. Esta lista de elementos químicos ordenada pelo número de prótons (componente do núcleo), foi criada pelo químico russo Dmitri Mendeleev (1834 - 1907), em 1869. Esta apresentava 63 elementos químicos. Recentemente foi descoberta uma tabela periódica, construída entre 1875 e 1879, que apresentava 73 elementos.

Em 2016 os cientistas conseguiram sintetizar os quatro elementos que faltavam para completar a atual tabela periódica que possui 118 elementos. Em 2019 comemora-se 150 anos da tabela periódica, assim sendo foi instituído a Ano Mundial da Tabela Periódica, com a realização de uma série de eventos comemorativos.

É importante lembrarmos que, dos 118 elementos químicos conhecidos atualmente, 24 foram sintetizados artificialmente e os demais são encontrados em estado natural. O próximo elemento químico (de número atômico 119) será de difícil sintetização, segundo os cientistas, sendo o novo desafio a ser vencido.

30. A matéria é feita de um ou mais elementos? "De um só elemento primitivo. Os corpos que você vê como corpos simples não são elementos reais, mas transformações da matéria primitiva."

A Ciência classifica a matéria em bariônica (formada de prótons, elétrons e nêutrons), a matéria escura (formada por partículas subatômicas, como o neutrino) e a energia escura (formada por partículas subatômicas com carga elétrica). A Ciência já constatou que as partículas subatômicas apresentam uma variedade de características que, com o tempo, poderão dar margem a subclassificações de acordo com a massa, a ponto de já estarem tentando encontrar a "matéria primitiva", como vimos anteriormente no que se refere ao Bóson de Higgs.

31. De onde vêm as diferentes propriedades da matéria? "São modificações que as moléculas elementares sofrem por sua união e em certas circunstâncias."

Hoje os cientistas têm sintetizado substâncias a partir dos elementos químicos já existentes, e graças a isso grandes benefícios têm sido trazidos à humanidade, nos dando a perceber que precisaremos de muito ainda para entender o conhecido – que diremos do desconhecido?

33. A mesma matéria elementar é suscetível de receber todas as modificações e adquirir todas as propriedades? "Sim, é como devemos entender quando dizemos que o todo está no todo."

(CEK) O oxigênio, o hidrogênio, o azoto (hoje nitrogênio), o carbono e todos os corpos que consideramos simples são apenas modificações de uma substância primitiva. Na impossibilidade em que estamos até agora para voltar, a não ser por pensamento a esta matéria-prima, estes corpos são para nós elementos reais, e podemos, sem que tenha qualquer consequência, considerá-los como tal até nova ordem.

- Esta teoria parece dar razão à opinião daqueles que admitem na matéria apenas duas propriedades essenciais: a força e o movimento, e que pensam que todas as outras propriedades são apenas efeitos secundários que variam de acordo com a intensidade da ação da força e da direção do movimento? "Esta opinião está correta. É necessário adicionar também de acordo com o arranjo das moléculas, como você vê, por exemplo, em um corpo opaco que pode se tornar transparente e vice-versa."

(CEK) Este princípio explica o fenômeno conhecido por todos os magnetizadores, que consiste em dar, pela vontade, a qualquer substância, por exemplo, à água, propriedades muito diferentes: um gosto definido e até mesmo as qualidades ativas de outras substâncias. Como existe apenas um elemento primitivo, e as propriedades dos diferentes corpos são apenas modificações desse elemento, segue-se que a substância mais inofensiva tem o mesmo princípio que o mais deletério. Assim, a água, que é formada por uma parte de oxigênio e duas de hidrogênio, torna-se corrosiva se dobrarmos a proporção de oxigênio. Uma transformação similar pode ocorrer pela ação magnética dirigida pela vontade.

A partir de 2005, cientistas vêm estudando a mudança das propriedades da água (mudança da sua forma cristalina) em função da ação de sons. Segundo essas pesquisas, essa água *magnetizada* pode produzir, em certos casos, ações benéficas a quem a ingere. Essas experiências consideraram o efeito físico da água.

Esse mesmo fenômeno é constatado em práticas religiosas, quando mediante uma oração dirigida, pode-se fluidificar um copo de água, dando a esta água propriedades curadoras. Não custa comprovar!

Espaço Universal

35. O espaço universal é infinito ou limitado? "Infinito. - Suponha que haja limites, o que seria além? Isto o confunde, eu o sei bem, e ainda assim sua razão lhe diz que não pode ser de outra forma. É o mesmo com o infinito em todas as coisas; não é na sua pequena esfera que você pode entender."

(CEK) Se supusermos um limite para o espaço, embora o pensamento remoto possa concebê-lo, a razão diz que além desse limite há algo e, assim, gradativamente, até o infinito; para isso, mesmo que fosse o vazio absoluto, ainda seria espaço.

Deixando a filosofia de lado e a reflexão com base na razão, sobrou um fato interessante a se ponderar: Considerando que o nosso Universo caracterizasse o limite do espaço ocupado, o qual é hoje a pauta de muitos estudos e pesquisas, nada impede que, fora desse espaço, existam um ou mais universos, idênticos ou não ao nosso. Essa hipótese tem sido estudada pelos cientistas.

36. O vazio absoluto existe em algum lugar no espaço universal? "Não, nada está vazio; o que está vazio para você é ocupado por uma matéria que foge aos seus sentidos e aos seus instrumentos."

O que vale para o nosso Universo, do qual sabemos não ser vazio, e que sua origem veio da condensação de uma matéria primordial, deve valer para o restante do espaço, ou será que o nosso universo é o único? Será que estaremos voltando à Idade Média em que achávamos que a Terra era o centro de tudo?!

Formação Dos Mundos

38. Como Deus criou o universo? "Para usar uma expressão: pela sua vontade. Nada melhor descreve esta vontade todo-poderosa do que aquelas belas palavras da Gênese: Deus diz: Que haja luz, e a luz se fez."

Como já comentamos, as propostas dos cientistas não diferem da proposta Divina, são apenas mais explicativas. Há um princípio de análise científica (Navalha de Occam) que diz: Quanto mais simples for uma hipótese a respeito de um fato, mais provável é que ela esteja certa. Isso também vale para nossa vida, quando tentamos explicar fatos ocorridos, de forma tão rebuscada, que nem nós mesmos, acabamos acreditando na explicação.

39. Podemos conhecer o modo de formação dos mundos? "Tudo o que podemos dizer, e o que você pode entender, é que os mundos são formados pela condensação da matéria espalhada no espaço."

Essa afirmação, sem dúvida, é uma etapa anterior a atual teoria da formação do Universo a partir do Big Bang, e explicaria a formação da *bola* inicial de matéria, que deu origem a grande explosão. Os cientistas recentemente já levantaram a hipótese de que a matéria escura é anterior ao Big Bang.

Povoamento Da Terra - Adão

50. A espécie humana começou com um só homem? "Não; aquele a quem chamam de Adão não foi o primeiro nem o único que povoou a Terra."

Na época das revelações do Espírito de Verdade a Teoria de Darwin (Teoria da Evolução das Espécies ainda não havia sido publicada). Isso ocorreu em 1859. Hoje com as pesquisas paleontológicas, a origem da humanidade já se encontra bem mais *mapeada* no mundo sendo de mais fácil compreensão.

Pluralidade Dos Mundos

51. Podemos saber em que época viveu Adão? "Sobre o que você atribui a ele; cerca de 4.000 anos antes de Cristo."

(CEK) O homem, cuja tradição foi preservada sob o nome de Adão, foi um dos que sobreviveram, em certa região, depois de alguns dos grandes cataclismas que em vários momentos abalaram a superfície do globo, e ele tornou-se o ramo (tronco) de uma das raças que o povoam hoje. As leis da natureza se opõem ao fato de que o progresso da humanidade, observado muito antes de Cristo, poderia ter sido realizado em poucos séculos, se o homem tivesse estado na terra somente desde o tempo designado para a existência de Adão. Alguns consideram, e com mais razão, Adão como um mito ou como uma alegoria personificando as primeiras eras do mundo.

O aparecimento dos primeiros Homo sapiens sapiens (segundo fósseis encontrados) é de cerca de 100 mil anos. Nesse período ele conviveu com outro hominídeo que foi o Homem de Neandertal, que apesar da incompatibilidade genética, em muitos casos eles tiveram filhos em comum. Por volta de 35 mil anos atrás o Homem de Neandertal foi extinto, provavelmente por alguma doença da qual só ele foi vítima. Isso nos leva a pensar que independente da formação genética, assim como o Homem de Neandertal, outros hominídeos existiram (já comprovado pela ciência) os quais serviram de *invólucro* para nossa evolução espiritual e isso não caracterizou que esta ou aquela raça fosse superior. Se considerarmos o conhecimento que temos da genética, nos dias de hoje isso é ainda mais constatável, principalmente porque todos os hominídeos existentes são de uma mesma espécie.

A evolução, de Homem das Cavernas em Homem Tribal, foi muito lenta e complexa. Nessa transformação, ele passou da percepção de duas dimensões para três dimensões, deixando de viver em algo que lhe parecia um planeta (diminutivo de plano) para viver em um globo. Em sua evolução, passou a criar uma forma verbal de comunicação, uma escrita, a percepção da existência de um ser superior e a conviver com outros seres de sua espécie. Com o crescimento da população, muitos agrupamentos se formaram em diversas partes do globo terrestre, como se pode constatar pelos fósseis encontrados. Um desses agrupamentos constituiu-se na tribo do homem que foi chamado de Adão. Esse último período de transformações ocorreu num período de mais de 80 mil anos, chegando ao ano 4000 a. C. a partir do qual conhecemos a história dos Hebreus. Um dos fatos que caracteriza essa transição de fase é o surgimento da escrita, que ocorreu em vários locais da Terra entre sete e três mil anos atrás.

Fósseis encontrados em diversas partes da Terra comprovam a existência de inúmeros outros Adões.

52. De onde vêm as diferenças físicas e morais que distinguem as variedades de raças do homem na terra? "Do clima, da vida e dos hábitos. É o mesmo que dois filhos da mesma mãe que, criados longe um do outro e de maneira diferente, não serão parecidos em nada na moral."

O DNA como método de análise de relação hereditária foi iniciado, em 1985, pelo geneticista inglês, Alec Jeffreys. Através da análise de DNA pode-se constatar que o Homem, dos dias de hoje, apresenta uma mesma genética de origem, sendo que as diferenças físicas e morais têm outra causa.

53. O homem se originou em muitas partes do mundo? "Sim, e em momentos diferentes, e essa é uma das causas da diversidade de raças; então os homens, dispersando-se em diferentes climas e se aliando com outras raças, formaram novos tipos." - Essas diferenças constituem espécies distintas? "Certamente não, todos são da mesma família: as diferentes variedades do mesmo fruto o impedem de pertencer à mesma espécie?"

Como comentamos, somos todos Homo sapiens sapiens.

54. Se a espécie humana não procede de uma só, os homens deveriam parar de se ver como irmãos? "Todos os homens são irmãos em Deus, porque são animados pelo Espírito e tendem ao mesmo objetivo. Você sempre quer levar as palavras ao pé da letra."

Podemos constatar que o corpo físico é um *invólucro* provisório para a nossa evolução, podendo mudar de características externas, como acontece nas encarnações, ou até mesmo geneticamente, desde que isso lhe permita a evolução.

55. Todos os globos circulando no espaço são habitados? "Sim, e o homem da terra está longe de ser, como se acredita, o primeiro em inteligência, bondade e perfeição. Há, no entanto, homens que se consideram muito fortes, que imaginam que este pequeno globo sozinho tem o privilégio de ter seres racionais. Orgulho e vaidade! Eles acreditam que Deus criou o universo só para eles."

(CEK) Deus povoou os mundos de seres vivos, os quais contribuem para o objetivo final da Providência. Acreditar que seres vivos estão limitados ao único ponto que habitamos no universo, seria questionar a sabedoria de Deus, que não fez nada inútil; ele deve ter atribuído a esses mundos um objetivo mais sério do que recrear nossa visão. Nada mais, nem em posição, nem em volume, nem na constituição física da terra, não pode razoavelmente supor que só ele tem o privilégio de ser habitado com a exclusão de tantos milhares de mundos similares.

Este é um conhecimento que a Ciência vem pesquisando não só através de observações de instrumentos à distância, como também através de diversas sondas espaciais que se deslocam em busca de indícios e informações. Enquanto isso, resta-nos filosofar a respeito!

56. A constituição física dos diferentes globos é a mesma? "Não; eles não são parecidos de maneira alguma."

As pesquisas espaciais têm, nos dias de hoje, comprovado esse fato.

57. A constituição física dos mundos não sendo a mesma para todos, segue-se que os seres que os habitam têm uma organização diferente? "Sem dúvida, como para você, peixes são feitos para viver na água e pássaros no ar."

Essa visão é hoje a dos cientistas responsáveis pelas pesquisas espaciais, buscando a vida em novos planetas de acordo com as características que esses planetas possuem, considerando ainda a existência de água como uma das premissas para a existência de seres *semelhantes* a nós.

Seres Orgânicos E Inorgânicos

60. É a mesma força que une os elementos da matéria em corpos orgânicos e inorgânicos? "Sim, a lei da atração é a mesma para todos."

Às vezes pensamos saber o óbvio, mas por conta dessa presunção os cientistas descobriram a existência dos nêutrons no núcleo dos átomos somente em 1932, após muita reflexão para entender por que os prótons do núcleo dos átomos não se repeliam tendo cargas elétricas positivas iguais, maiores que a da atração entre eles. Com a existência dos nêutrons resolveram o *mistério* descobrindo ser a força de atração gravitacional dos elementos do núcleo, maior que a de repulsão. Evidentemente a lei da atração é a mesma para tudo!

Origem E Natureza Dos Espíritos

82. É correto dizer que os espíritos são imateriais?
"Como podemos definir uma coisa quando nos faltam termos de comparação e com linguagem insuficiente? Pode um nascido cego definir a luz? Imaterial não é a palavra; incorpóreo seria mais preciso, pois você deve entender que o espírito sendo uma criação deve ser alguma coisa; é uma questão por excelência, mas sem analogia para você, e tão etérea que não pode cair sob seus sentidos."

(CEK) Dizemos que os espíritos são imateriais, porque sua essência difere de tudo o que sabemos sob o nome de matéria. Um povo cego não teria condições de expressar a luz e seus efeitos. O nascido cego acredita que ele tem todas as percepções por audição, olfato, paladar e tato; ele não entende as ideias do significado do que lhe falta lhe daria. Da mesma forma, para a essência dos seres sobre-humanos, somos verdadeiramente cegos. Nós só podemos defini-los por comparações que são sempre imperfeitas, ou por um esforço de nossa imaginação.

Com o conhecimento que temos da matéria escura e da energia escura, podemos hoje entender como pode ser a constituição do Espírito.

Forma E Ubiquidade Dos Espíritos

89. Os Espíritos levam algum tempo para atravessar o espaço? "Sim, mais rápido como o pensamento." O pensamento, não é a alma em si mesma que se transporta? "Quando o pensamento está em algum lugar a alma está lá também, já que é a alma que pensa. O pensamento é um atributo."

Esta questão apresenta alguns pontos a serem ponderados. Separa a natureza do Espírito (que em outra questão foi definida ser de matéria quintessencial) da natureza do pensamento, que é um atributo do Espírito. Considera que existe uma velocidade de deslocamento do espírito no espaço, e que este é movido pelo pensamento, portanto esse deslocamento não é instantâneo. Devemos considerar ainda que essa velocidade, ainda que não tenha sido atribuído um valor, poderá ser bastante elevada.

A propósito, segundo experiências realizadas, no laboratório de CERN na Suiça, com Neutrinos, em 22 de setembro de 2011, foi obtida velocidade superior a da Luz, até então o limite de velocidade máxima possível de ser alcançada. Em novembro do mesmo ano outra experiência comprovou essa nova velocidade. De fato, poderemos sonhar que nossos espíritos, quando evoluídos formos, poderão viajar em altíssimas velocidades. Mas é bom sempre lembrarmos que, como viajantes, estaremos sempre limitados a quantidade e a qualidade da bagagem que transportamos, nossos penduricalhos de apego à matéria.

90. O Espírito que se move de um lugar para outro tem consciência da distância que ele viaja e dos espaços que ele percorre; ou ele é transportado de repente para onde ele quer ir? "Um e outro; o Espírito pode, muito bem, se quiser, estar ciente da distância que ele atravessa, mas essa distância também pode ser completamente apagada; depende de sua vontade e também de sua natureza mais ou menos refinada."

Esta resposta nos leva a entender que o que ocorre no campo da matéria bariônica (Espírito encarnado), também ocorre para o Espírito, quando desencarnado, ainda que haja a densidade como diferença. Muitos de nós agimos em certas circunstâncias totalmente inconscientes de nossos atos, o que nos faz crer que o problema pode estar em nós e não no meio em que agimos.

91. A matéria atrapalha os Espíritos? "Não, eles penetram em tudo: o ar, a terra, a água e até o fogo são igualmente acessíveis para eles."

Como já dissemos, estudos com matéria escura afirmam que uma partícula de matéria escura pode atravessar uma parede de chumbo de um ano-luz de espessura sem colidir com o núcleo de nenhum átomo da parede.

Perispírito

94. De onde o Espírito extrai seu envoltório semimaterial? "Do fluido universal de cada globo. É porque este fluido não é o mesmo em todos os mundos; enquanto o Espírito se move de um mundo para outro, muda seu envoltório, como você muda sua roupa." - Então, quando os Espíritos que habitam mundos superiores vêm entre nós, eles assumem um perispírito mais grosseiro? "Eles devem se revestir da matéria específica de cada globo; nós já dissemos isso."

A criação simbólica de Adão, com o material oriundo da Terra (segundo a Bíblia foi feito de barro), não deixa de ser um indício de que, *a casa* que construímos para habitar, costumamos fazê-la do material que dispomos onde a construímos. A intuição de quem escreveu a Bíblia é de que somos oriundos daqui da Terra. Extrapolando, isso deve valer para os outros planetas.

Desde o início do século passado, alguns *pesquisadores* tentam provar a existência da alma. Uns através da pesagem do corpo antes e depois da morte. Outros fotografando por meio de equipamentos o momento de desligamento da alma do corpo. Se considerarmos o que se sabe sobre a matéria e energia escura, e as pesquisas com esses elementos, qualquer pesquisa relativa à alma necessariamente representará o uso de equipamentos sofisticados e com altíssimo grau de precisão. Nisso acredito que em termos de Ciência muito temos ainda para caminhar. Neste caso sigo o meu sentimento de que se não tenho alma, deveria tê-la.

Outras Questões

O Livro dos Espíritos apresenta em sua segunda edição (de 1860) 1019 perguntas e respostas.

Repetimos o que comentamos no início deste capítulo. Apresentamos aqui algumas questões selecionadas que têm a ver com o momento que estamos atravessando em termos de revelações e evolução do Homem. Estas questões estão ligadas diretamente às novas descobertas da Ciência envolvendo, mais especificamente, cosmogonia.

A nossa sugestão é que o leitor faça o mesmo com relação às demais questões de *O Livro dos Espíritos*, pois as revelações alcançam outras áreas das Ciências Humanas que nos permitirão reflexões sobre nossas vidas, extremamente úteis para esta nossa fase de transição.

9 Quebrando dogmas

Dogma é uma afirmação, uma proposição apresentada como indiscutível, como verdadeira sem comprovação. O dogmatismo é uma atitude que se encontra hoje nas várias atividades humanas.

Este é mais facilmente atribuído às religiões por elas apresentarem, há muito tempo, justificativas para fatos e normas de condutas que não tinham bases científicas, ou conhecimentos suficientes para determinarem orientação livre de qualquer controvérsia.

Todavia o aspecto mais perverso do dogmatismo é quando por sua prática induz, pela credibilidade, as pessoas a cometerem erros no desenvolvimento de suas vidas e estes provoquem atraso de evolução ou até mesmo prejuízos materiais ou da saúde.

Muitas afirmações bíblicas são dogmáticas, mas os fatos históricos por sua vez já eliminaram muitos desses dogmas. Até a existência de Jesus chegou-se a cogitar ser um dogma, e neste caso o conhecimento e a inteligência humana dirime qualquer dúvida sobre sua existência, independente da crença proferida pelo religioso. Nem mesmo o ateu ou o materialista pode negar, em sã consciência, a existência de Jesus, ainda que seja como um personagem histórico. Diante de tantos fatos, dogmáticos ou não, a maior preocupação para a evolução é a escolha de um caminho seguro a ser seguido.

Há 150 anos a ciência veio para ajudar o homem em sua evolução. Esta ciência trouxe um grande salto tecnológico, possibilitando assim acelerar essa evolução. Um fato indiscutível é a vida média das pessoas que nesse período mais do que duplicou.

Se ainda a "qualidade de vida" não é a ideal para a maioria, o esforço é para que um dia ela venha a se tornar. Entretanto, um grande obstáculo para a evolução é a informação inverídica, ou a verídica sem comprovação, pois ambas podem ser classificadas como dogmáticas. A primeira pode enganar por algum tempo, podendo atrapalhar uma geração ou uma vida. A verídica sem comprovação dependerá da fé, e mesmo sendo seguida, haverá no íntimo das pessoas que a seguem, aquela dúvida de ser verdadeira ou não. Por isso quando a ciência apresenta uma comprovação para uma verdade da vida, mesmo que estejamos numa fase de oscilação negativa em nossa existência carnal, continuaremos confiando nos resultados finais de nossa caminhada.

Selecionamos alguns desses conhecimentos que, ainda que científicos, apresentavam em sua essência um aspecto dogmático.

Lei da Evolução e Lei do Progresso

A Lei da Evolução é a lei maior que inclui todas as demais leis, pois todas as demais a seguem em sua essência, daí a proposta de designá-la como "A Lei é Evolução".

Considerando o respaldo científico que deve alicerçar cada lei, até o início do século 21 o modelo de universo proposto não se coadunava com essa lei.

Em 1922 o matemático russo Alexander Friedmann propôs que o Universo se comportava em ciclos pulsantes ora se expandindo, ora se contraindo. Em 1927 o cosmólogo belga Georges H. E. Lemaître constatou que a expansão do Universo ocorria em todas as direções, reforçando assim a Teoria do Universo Pulsante. Considerando-se a Lei da Evolução nesse contexto, deveríamos considerá-la dentro de um ciclo (o atual), a partir de um determinado momento, o Universo pararia de se expandir e viria a se contrair voltando até a *bola inicial* expandindo novamente e assim sucessivamente. Cada período de contração seria uma *involução?*

Mas em 2011 os cientistas Saul Perlmutter e Adam Riess (americanos) e Brian Schmidt (australiano-americano) apresentaram após um longo estudo sobre estrelas do tipo Supernova, observadas nos extremos do Universo, a teoria de que o Universo se encontra em expansão acelerada, e isso proporcionou a eles o Prêmio Nobel de Física. Além de uma série de consequências que esse fato representa, o conceito da Lei da Evolução se confirma sem a restrição de ciclos.

Por conta disso os cosmólogos vêm tentando *imaginar* o que isso significará daqui a bilhões de anos, pois afinal até o momento só se passaram 14,75 bilhões desde o Big Bang inicial. Todavia até lá chegarmos a Lei é Evolução.

Sobre a Lei do Progresso, poderíamos dizer que é a Lei da Evolução de uma forma mais material, inclusive podendo ser medida através do conhecimento, da capacidade de produzir trabalho, das novas invenções, do domínio dos materiais, da criação de novas fontes de energia sem poluição, do domínio das ciências médicas e dos medicamentos, e tantos outros aspectos. Aos elementos de aferição dessa lei se acrescenta o sentimento e surge a sábia orientação que transcende o aspecto material: "Não estacionar no bem, nem progredir no mal", pois só a Lei do Progresso *Ampla* (se assim podemos classificá-la) poderá ser comparada a Lei da Evolução.

Há leis que nos parecem intuitivas, mas toda intuição poderá ter caráter de dogmatismo.

Lei da Ação e Reação e Lei da Causa e Efeito

A Lei da Ação e Reação foi apresentada no século 17 por Isaac Newton (1643 - 1727) em seu livro *Philosophiae Naturalis Principia Mathematica.* Esta pode ter o seguinte enunciado: Para toda força sobre um objeto, na ação com outro objeto, existirá uma força de reação de mesma intensidade e direção, mas com sentido oposto. Isso é facilmente comprovado em experiências da física envolvendo a matéria (hoje chamada de bariônica).

A Lei da Causa e Efeito é um princípio filosófico de que tudo o que acontece tem uma causa, ou de que não há efeito sem causa. E tem um corolário, o de que todo efeito inteligente há de ter uma causa inteligente.

Estando contida na Lei da Causa e Efeito, a Lei da Ação e Reação vem sendo teoricamente estendida para os aspectos comportamentais e de sentimentos dos homens. Assim temos: para um bom sentimento emitido, de uma pessoa para outra, haverá uma reação de retorno de mesma característica, intensidade e direção, mas de sentido oposto (ou seja, retornando a quem emitiu). Pressupõe-se que o receptor também se beneficia pela ação do emissor. Ainda que possamos constatar na prática o fato, isso sempre ficaria em nível de teoria se não tivesse a ciência constatado que a matéria e energia escuras, que compõem o nosso universo (inclusive os Espíritos e seus corpos etéreos) também obedecem a Terceira Lei de Newton. Pelas próprias características da matéria e energia escuras é compreensível que entre uma causa e seu efeito o tempo de retorno da reação é mais longo que o tempo entre uma ação e reação na matéria bariônica, que também não é instantâneo, havendo neste caso inclusive alguma perda de energia.

Neste contexto, se recebermos um benefício por efeito de boas vibrações é bem provável ter sido emitida por alguém em nosso benefício como uma reação de uma vibração por nos emitida. O hábito de emitirmos vibrações positivas poderá beneficiar nossos semelhantes e acabaremos nos beneficiando por consequência.

Lei do Trabalho

O Trabalho é uma grandeza da física que se caracteriza pela aplicação de uma força em um corpo e o deslocamento que essa força produz nesse corpo. Num caso genérico temos T= F x d sendo T o trabalho, F a força e d o deslocamento. Desta forma podemos afirmar que, ainda que haja uma força aplicada em um corpo, se esta não provocar deslocamento o trabalho é nulo. É interessante sabermos que se a força atuante for em sentido contrário ao movimento o trabalho realizado (de acordo com a física) é considerado negativo. Por exemplo: para acelerar um automóvel, ou para subir uma ladeira, o motor do veículo realiza um trabalho positivo (força no mesmo sentido do movimento). Para diminuir a velocidade do automóvel, ou para descer-se uma ladeira freando, os freios do veículo realizam um trabalho negativo (sendo neste caso a força de sentido oposto ao movimento). Em nossa vida agimos como o motor, ou o freio do veículo, ora acelerando ora freando. Quando ajudamos numa atividade positiva nosso trabalho será positivo, quando atrapalhamos ou atrasamos um trabalho construtivo estaremos realizando um trabalho negativo. Se não temos ainda aptidão para realizar trabalhos positivos, podemos no mínimo impedir que os trabalhos negativos venham a ocorrer, pois na vida, também, *negativo com negativo dá positivo.* Fisicamente falando, só por nos mover realizamos trabalho, mas para que ele seja útil, devemos realizar algo em benefício de alguém.

O trabalho remunerado é aquele em que prestamos serviço em troca de um pagamento. O ideal seria que o trabalho que fazemos possa ser suficiente para arcar com os custos de nossa manutenção.

Pietro Ubaldi, em seu livro *A Grande Síntese* afirma: "O trabalho não é uma necessidade econômica, mas uma necessidade moral." E prossegue: ele deve ser praticado "... não apenas por dever social, mas também por si mesmo", pois o Espírito em seu processo evolutivo nutre-se do trabalho. "Parar além do repouso indispensável é culpa de lesa-evolução. Quem vadia rouba à sociedade e a si mesmo. O novo mandamento é: trabalhar."

Na fase de transição em que nos encontramos, o trabalho que se caracterizava pela ação na matéria (bariônica) passa a ser um elemento do juízo, tanto assim que muitas das parábolas apresentadas por Jesus consideram que a medição do trabalho não se faz simplesmente pela sua duração, mas pelo fato dele ter sido praticado e pela vontade de praticá-lo.

Neste momento da evolução humana em que vivemos, vem surgindo outro tipo de trabalho, o trabalho intelectual. Como entendê-lo, como medi-lo, será que ele se enquadra no conceito apresentado por Pietro Ubaldi?

O trabalho intelectual pode ser o de criarmos facilidades através de invenções e procedimentos e daí deve valer a intensão de praticar o bem. Entretanto não podemos ficar somente na intenção de praticar o bem, devemos realizar materialmente nossas criações mentais, pois só aí poderemos medir o trabalho realizado. Não existe trabalho só na intenção.

Neste aspecto está incluído o trabalho realizado por meios eletrônicos, quando há uma ação digital (geralmente), a intenção de que o que se propõe ocorra, e tudo leve a uma consequência. Como nos casos gerais, são as consequências que determinam se o trabalho foi construtivo, proveitoso, eficiente, promotor do progresso e da evolução, com benefícios próprios e/ou da coletividade, etc. Portanto, uma ação negativa (ou destrutiva) levará o executor às consequências, pela Lei da Ação e Reação.

Em todos os casos apresentados, notamos o trabalho como prática na matéria. O trabalho intelectual só se realiza, como elemento de evolução, quando for transformado em ação construtiva.

Jean Charon em seu livro *O Espírito, este desconhecido* dispõe que o processo de evolução do Espírito ocorre em quatro fases. A primeira é do aprendizado, que pode ser lento ou rápido, organizado ou não, por estudo ou tentativa e erro. A segunda é de colocar em prática as experiências, que geralmente ocorrem concomitantes com a primeira fase. A terceira é a da reflexão e meditação (nesta já se denota alguma evolução do Espírito) quando escolhemos as melhores alternativas dentre as que aprendemos nas duas fases anteriores, despojando-nos das “inúteis”. Para a quarta fase, segundo o autor, é primordial para o Espírito acelerar sua evolução e ela se caracteriza pela existência de nosso semelhante no processo. Quando uma força realizada por um corpo atua em outro corpo há realização de trabalho; quando a ação é concomitante (ação e reação entre dois corpos) o trabalho ocorre para ambos, eles são agentes e são, portanto, geradores de trabalho e eles são os beneficiados. Assim sendo é desejável que o trabalho seja *positivo* para as duas partes, para que a evolução seja benéfica para todos no processo.

O trabalho que praticamos através de vibrações ou orações para os nossos semelhantes, hoje sabemos que também tem seu valor, pois é praticado na manipulação da matéria escura e da energia escura. A medida desse trabalho é função da qualidade do ente emissor. Quanto mais puro de pensamentos e sentimentos este se apresentar, mais intensas e eficazes serão seus resultados. A boa árvore produz bons frutos.

Este é um dos trabalhos em que a participação dos Espíritos bons, e superiores, se torna importante, pois coletando as energias por nós emitidas eles as conduzem aos mais necessitados.

O Perdão

Para fazermos uma reflexão dentro dos aspectos apresentados neste capítulo, transcrevemos da Bíblia alguns trechos:

Do Evangelho de Mateus:

"Bem-aventurados os que são misericordiosos, porque obterão misericórdia. (Mateus, 5:7.)."

Como atitude, a ação de agir com misericórdia, dentro da Lei da Causa e Efeito, nos trará o benefício da misericórdia. Evidentemente toda ação deve estar envolvida pelos respectivos sentimentos.

"Se perdoardes aos homens as faltas que cometerem contra vós, também vosso Pai celestial vos perdoará os pecados; mas, se não perdoardes

aos homens quando vos tenham ofendido, vosso Pai celestial também não vos perdoará os pecados. (Mateus, 6:14 e 15.).”

Neste trecho, há aspectos como o anterior, mas já pressupõe ter havido uma falta contra nós e uma reação nossa perante a mesma. Além disso, propõe que tenhamos uma nova ação, que é o perdão, acreditando em uma nova reação “ser perdoado”, para fugir de uma punição “não ser perdoado por Deus”, que para muitos pode ser dogmática.

“Reconciliai-vos o mais depressa possível com o vosso adversário, enquanto estais com ele a caminho, para que ele não vos entregue ao juiz, o juiz não vos entregue ao ministro da justiça e não sejais metidos em prisão. Digo-vos, em verdade, que daí não saireis, enquanto não houverdes pago o último ceitil. (Mateus, 5:25 e 26.).”

Neste trecho, para que se caracterize o perdão, como mudança de sentimento, é detalhada a necessidade da ação física, “caminhar junto” e novamente as consequências, de não perdoar, desta feita dentro da Lei de Causa e Efeito *aplicada* pelos Homens. Exige ainda a correção do erro cometido pago até o último centavo (ceitil). Se considerarmos, num sentido mais amplo, o nosso planeta como uma prisão, a falta de praticarmos o perdão nos prende ao planeta (... *que daí não saireis)*. Daí podemos entender as reencarnações *compulsórias*.

Em *O Evangelho segundo o Espiritismo* temos a síntese do tema:

“Na prática do perdão, como, em geral, na do bem, não há somente um efeito moral: há também um efeito material.”

Mas como poderemos entender isso dentro da ciência?

Por mais racionais que queiramos ser, não podemos *enganar* os nossos instintos e ignorar o nosso Livre Arbítrio. De forma simplificada, vamos chamar de sentimentos defensivos àqueles instintos desenvolvidos pelo Homem durante a vida e que o leva a preservá-la.

No animal, é fácil de se identificar esse mecanismo de defesa que chamamos de instinto de preservação.

No Homem, podemos identificar alguns deles como:

- Adquiridos durante o período de Primata Homem, o de Instinto e o Egocentrismo.
- Adquiridos como Homem das Cavernas, o Ciúme e o Egoísmo.
- Adquiridos como Homem Tribal temos a Vaidade e o Orgulho.
- Como Homem Cosmopolita (período atual de transição) a Inveja e o Juízo. Esses dois últimos, por estarmos em fase de aprendizado, são ainda difícil de compreensão, daí a razão da vinda de Jesus, conforme comentamos anteriormente.

Durante as nossas encarnações, nossos Espíritos vão evoluindo à medida que vamos aprendendo a lidar com nossos sentimentos defensivos, *humanizando* nossos instintos. Aquilo que numa reação defensiva de raiva nos levava a uma reação violenta, com nossa evolução nos leva a uma atitude mais suave, mas mantendo ainda a função defensiva do instinto, que é o caso de nosso exemplo.

Em uma situação vivida por nós, em nossas mentes, registramos:

- O fato ocorrido (que nos chamou a atenção e nos mobilizou).

- O sentimento defensivo que o constatou (nos tocando interiormente). Nem sempre é claro para nós qual é o sentimento defensivo que causou o nosso incômodo, mas com certeza é um dos oito acima.
- O agente que o criou.

Quando o fato nos agrada há um reforço para repeti-lo. Quando nos desagrada sentimo-nos frustrados e a reação natural é buscar um culpado. Geralmente temos parte da culpa.

Quando aceitamos sermos nós os culpados é mais fácil perdoar, dependendo do tamanho do problema criado pelo fato. Mas o que fazer nesse caso? Projetar a culpa em outro pode não ser a solução, podendo dificultar a aceitação da frustração, além de nos ocasionar problemas maiores. Então nos resta aceitarmos nossas imperfeições e nos reformularmos, para não cometermos novamente o mesmo erro.

Quando temos certeza de que o agente do problema não somos nós, o problema poderá ser mais difícil de ser superado, pois além de aceitarmos a perda ocasionada pelo fato, teremos que perdoar o agente.

A título de reflexão vamos imaginar alguns casos:

Fomos roubados. O sentimento defensivo provável é o egoísmo, por envolver valor monetário. Evidentemente o ladrão é o agente. Se o valor do roubo for pequeno, ou o bem roubado estava assegurado, aceitar a perda é mais fácil e ainda que o ladrão não seja preso, nós acabamos esquecendo o fato, mesmo que não tenhamos perdoado o ladrão (agente do fato). Se for grande o valor do roubo, enquanto não aceitarmos a perda, não deixaremos de procurar o ladrão. Quando o encontrarmos, ainda haverá o dilema, perdoar ou não. Se perdoarmos estaremos aceitando a perda. Será que a palavra perdão tem a ver com aceitar a perda?

Fomos ofendidos moralmente. O sentimento defensivo provável será a vaidade, pois envolve o que os outros pensam e falam de nós? Evidentemente o maledicente (segundo nossa visão) é o agente. Dependendo do tamanho da ofensa, deixamos para lá, esquecemos o fato, cortando as relações com o agente. Em outros casos, exigimos a retratação do agressor e de acordo com o tamanho da perda chegamos até a exigir indenização. Neste caso, o pedido de indenização pode caracterizar que o nosso sentimento defensivo foi também o egoísmo, desde que o pagamento da indenização nos faça esquecer o fato. Sendo indenizado, provavelmente não haverá o que perdoar.

Em suma, se conseguirmos educar os nossos sentimentos defensivos, menos sofreremos pelas perdas, mais facilmente poderemos aceitar a parte de culpa que nos cabe nas perdas e mais fácil se torna perdoar o *eleito agressor*.

As ofensas, as dívidas, sempre estão relacionadas ao aspecto material de nossas vidas. É assim que se caracteriza a oração “O Pai Nosso”. É uma oração de encarnados a Deus.

Como os sentimentos defensivos estão ligados à matéria, os aborrecimentos ocorridos agregam vibrações mais pesadas a nossa alma, tornando-nos mais densos, aumentando assim a ação gravitacional entre nós e a matéria que nos cerca.

Perdoar nos desliga das pessoas que nos fazem mal e também nos desliga dos fatos passados, que nos ofenderam. Assim mais leves, poderemos um dia estarmos livres para navegarmos para outras esferas menos densas e mais felizes.

A Fé

Ter fé pode significar crer, acreditar em Deus, ou numa religião, ou até mesmo numa situação. É possível que a fé esteja ligada a um *estado de espírito*, a uma situação psíquica de momento.

Dogmaticamente falando, temos alguns textos trazidos pela Bíblia que merecem reflexões. De Lucas:

"Respondeu-lhe o Senhor (Jesus): Se tiverdes fé como um grão de mostarda, direis a esta amoreira: Arranca-te e transplanta-te no mar; e ela vos obedecerá" (Lucas, 17:6).

De Mateus:

"Pois em verdade vos digo que, se tiverdes fé como um grão de mostarda, direis a este monte: Passa daqui para acolá, e ele passará. Nada vos será impossível" (Mateus, 17:20).

Jesus nos define como a fé deve atuar, ainda que seja do tamanho de um grão de mostarda, mas há a necessidade de consolidá-la, para que ela possa atuar. Assim, Tiago entendendo sua essência, propõe:

"Mas dirá alguém: Tu tens a fé, e eu tenho as obras; mostra-me a tua fé sem as tuas obras, e eu te mostrarei a minha fé pelas minhas obras" (Epístola de Tiago, 2:18).

"Assim como o corpo sem Espírito está morto, também, a fé sem obras é morta" (Epístola de Tiago, 2:26).

Para Paulo de Tarso:

"... as obras sem fé não se sustentam...", pois "... o evangelho exige fé, mas a lei exige obras..."

Numa compreensão mais profunda, Paulo constata que não basta conquistar a fé através das obras, mas necessário é alimentar a obra pela fé conquistada. Não é *um toma lá, dá cá.* As obras não são trocadas pela fé, mas transformadas em evolução. Quando se procura garantir o "Reino de Deus" através de obras, não há evolução espiritual, pois só há energia física movimentada, não havendo ação do sentimento, nem energias espirituais envolvidas, por isso na Epístola aos Romanos Paulo afirma que *"... o justo viverá pela fé..."*.

Kardec pondera *"A fé cega não tem mais curso em nosso século racional" [Revista Espírita, outubro de 1863].* Escrita no século 19 a afirmação é válida para os séculos 20, 21, etc., daí ele propor a fé racional.

Se as Leis Divinas (Leis Universais) são imutáveis, se a Justiça Divina não privilegia ninguém, como também não pune, de acordo com a Lei da Evolução, a Lei de Causa e Efeito e Lei do Trabalho; se por outro lado procuro ser justo, ser honesto, buscando ser sempre melhor do que sou, por que as coisas não haverão de dar certo?

10 A Ciência e as Práticas Espirituais

Os Espíritos através de médiuns vêm trazendo informações sobre fatos que ocorrem no plano espiritual, os quais, por não existirem outras fontes de comprovação, tornam-se difíceis de compreensão e até mesmo de explicação. No fim, o entendimento acaba ficando por conta do bom senso de cada pessoa. Acompanhando a evolução da ciência, podemos perceber que nem sempre o que parece ser, é a realidade. Muitas vezes, as informações disponíveis são insuficientes para encontrarmos uma proposta de explicação.

Baseados nas novas descobertas da ciência, procuramos apresentar aqui a explicação de alguns fenômenos, a nível racional, no intuito de facilitar a nossa compreensão.

Construções com matéria escura;

Quando não havia noção da existência da matéria escura, ao se ouvir falar sobre construções com densidades extremamente baixas, pensávamos logo em obra de ficção. Mais difícil ainda era compreendermos que estas possuem formas e funções exatamente definidas e localizações *fixas* em relação ao nosso planeta, semelhantes às que aqui utilizamos e construímos na matéria *densa*. Mas quando sabemos que existe a matéria escura e ela, evidentemente obedece às leis da física, as mesmas da matéria bariônica, fácil é fazer uma analogia e entendermos que é possível a existência dessas construções.

Quando se desenvolve uma atividade de tratamento de Espíritos desencarnados, eles são levados a hospitais específicos no espaço. Esses hospitais são descritos por mentores através de médiuns, dando inclusive suas localizações. Na literatura espírita, Nosso Lar é um dessas instituições existentes no plano espiritual, que socorre almas recém-desencarnadas e encaminham-nas para outras instituições e outras atividades, para terem continuidade em seus caminhos evolutivos. São instituições que estão localizadas em vários níveis de densidade para atenderem aos vários tipos de problemas espirituais existentes, com níveis vibratórios diversos. De acordo com as características dos locais em que se encontram essas instituições recebem as designações genéricas de Céu, Inferno, Umbral Superior, Umbral Inferior, etc. Os Espíritos desencarnados são mais densos quanto menos evoluídos e é isso que determina o melhor lugar para eles serem tratados. Para o tratamento de um encarnado, com problemas na matéria, nada melhor que um hospital, de matéria bariônica, aqui da crosta terrestre! Para um desencarnado o local adequado vai depender da densidade do perispírito, que está ligada a sua evolução.

Quando uma casa religiosa se programa para realizar uma atividade de assistência espiritual, os Mentores Espirituais, orientadores da casa, necessitam de algum tempo (alguns meses) para preparar um lugar adequado no plano espiritual para o tratamento dos desencarnados que são recolhidos nessa casa religiosa, para tratá-los adequadamente e encaminhá-los.

Como material para construção nesses locais, utiliza-se de matéria (escura). Esta é colhida das vibrações emitidas pelos vários participantes dessa casa de caridade, sistematicamente, por algum tempo. Só quando esse local de acolhimento e socorro estiver edificado no espaço, a atividade de socorro poderá ser iniciada fisicamente para que seja realizada com eficiência. De acordo com os relatos, é um trabalho conjunto de voluntários encarnados com mentores desencarnados.

Campos vibratórios de proteção;

Os Campos Vibratórios são cúpulas de proteção vibratórias formadas por matéria escura envolvendo, de acordo com as características necessárias, construções, ambientes ou até mesmo grupo de pessoas, com o objetivo de proteção contra interferências espirituais maléficas.

Sua formação é possível, a partir da emissão de vibrações emitidas por participantes imbuídos de sentimentos construtivos, assim estas possuem as características positivas de seus formadores. Para uma descrição específica desses campos vibratórios, podemos classificá-los pela finalidade a que se prestam.

- **Proteção de instituições religiosas**

As instituições de assistência espirituais, certas casas espíritas e casas de orações, necessitam de ambiente sereno, de vibrações elevadas, para que seus frequentadores possam encontrar um local de reflexão, de *paz de espírito*.

Para que um local escolhido para a prática religiosa esteja preparado para suas atividades esses campos vibratórios começam a ser formados por grupos de orações que se reúnem semanalmente no local, por alguns meses, para preparar o ambiente, até que pessoas sensitivas (geralmente médiuns) constatem estar o local devidamente protegido para iniciar as atividades.

Após esses campos vibratórios serem formados, é conveniente que haja reuniões semanais de manutenção dos mesmos.

- **Preparação de ambientes para atividades espirituais e correlatas**

Diferentes dos campos vibratórios de proteção de instituições. Há aqueles que são formados para atividades específicas, quando além da proteção da instituição religiosa como um todo, se faz necessário uma proteção para trabalhos específicos em seu interior como de assistência espiritual, ou atendimento e orientação de pessoas.

Para melhor compreendermos, é como num hospital, que independente da higiene necessária em todos seus setores, há necessidades especiais, nas salas em que se desenvolvem as operações, as UTIs e os quartos de recuperação, onde o risco de infecção hospitalar deve ser considerado.

A assistência espiritual ocorre com a presença de frequentadores que, muitas vezes, se apresentam acompanhados por entidades desencarnadas, devido à afinidade vibratória. O tratamento desses assistidos é muito mais eficiente quando os acompanhantes espirituais recebem, também, esclarecimento e vibrações amorosas. Nesses casos os campos vibratórios são preparados para permitirem a entrada desses Espíritos, pois os resultados obtidos são de benefício tanto do assistido quanto do desencarnado. Os Espíritos mais puros não são barrados por essas cortinas mais densas, que só evitam os Espíritos indesejáveis. Esses campos vibratórios funcionam como se fossem uma peneira que, pela sua espessura, evita a passagem de elementos mais *grosseiros*, permitindo a passagem dos mais *finos*.

Em atendimentos espirituais, a prática da formação desses campos vibratórios de proteção é comum às casas espíritas, sempre que se inicia uma atividade específica. Durante o desenvolvimento destas, procura-se manter um ambiente de equilíbrio vibratório, mantendo-se assim, com o apoio do plano espiritual, aquela harmonia que se deseja na atividade desenvolvida. Essas atividades de cunho espiritual estão sempre ligadas à ajuda de necessitados, na qual a sintonia vibratória entre voluntários e assistidos é fator básico para a prática do bem.

Quando ocorrerem atividades de atendimentos subsequentes umas às outras, é conveniente que esses campos vibratórios sejam formados para cada uma delas, pois normalmente estas possuem equipes de encarnados e desencarnados distintas, e finalidades também distintas.

Mesmo em atividades de assistência social, como distribuição de marmitas, realizada sistematicamente por pessoas voluntárias que se reúnem aos finais de semana, é de bom alvitre que se faça esse tipo de proteção, criando esses campos vibratórios tanto na saída do grupo de voluntários da sua origem (casa religiosa geralmente) quanto nos locais de encontro dos necessitados. Nesses casos têm-se notado que o efeito do alimento é acrescido de energias positivas, sentidas pelos beneficiados, que costumam relatar esse fato. Não se necessita de nenhum médium para comprovação.

Assim como a *abertura* das atividades é feita com orações e mentalizações, recomenda-se que essas sejam *encerradas* com agradecimento à espiritualidade de apoio e vibrações e, nas despedidas, marcando-se data para o futuro encontro.

- **O Evangelho no Lar**

Esta atividade teve como modelo as orações que Jesus realizava, reunindo seus apóstolos, na casa da sogra de Pedro em Cafarnaum, e em outras aldeias, em torno das escrituras sagradas. Praticada por muitos, é recomendada nos meios espíritas, mas não depende da adoção religiosa de quem o pratica. Consiste na criação de um campo vibratório de proteção em nossos lares, evitando-se que perturbações possam nele ocorrer. A descrição detalhada de sua prática é encontrada em diversos *sites* na internet. É de nosso conhecimento que famílias formadas por adeptos de mais de uma religião o praticam, fazendo pequenas adaptações e os resultados, evidentemente, são benéficos a todos.

Afinal, o objetivo comum é a harmonia e a proteção do lar, bem como, praticar o bem através das orações e vibrações que eventualmente venham a ser realizadas para esse fim.

- **O Evangelho em ambientes de trabalho**

Essa atividade é semelhante à do Evangelho no Lar e temos conhecimento de seus bons resultados.

Seus objetivos consistem em se preparar o local de trabalho para que este seja harmônico para os trabalhadores que lá convivem. Não é necessária a participação de muitas pessoas da empresa, mas é importante que a atividade ocorra em um ambiente livre de interferências durante sua realização. Os participantes devem antes de tudo desejar o bem de seus semelhantes e que o trabalho realizado na empresa seja honesto e justo. O Evangelho é dirigido a todos os trabalhadores que colaboram com a empresa.

Como em certos casos a religião dos participantes pode não ser a mesma, é recomendável, neste caso, que os textos escolhidos, lidos em sua prática, não tenham origem específica em uma religião. A Bíblia pode ser o livro escolhido, mas o objetivo não é de se *interpretar* os textos lidos, mas visa a um trabalho de reflexão em que cada um poderá comentar sucintamente como aplicaria o assunto sorteado no *seu* dia a dia da empresa.

Como no Evangelho no Lar, estas *cortinas de proteção* são de média duração, devendo ser reforçado constantemente. Para isso, escolhe-se um dia da semana e horário, preferencialmente antes do início das atividades do dia, e uma sala isolada durante sua prática. A duração é de, no máximo, 15 minutos.

Com sua prática poderemos sentir que os efeitos são muito benéficos.

- **A Oração e as vibrações**

Para compreendermos como isso ocorre é importante entendermos o que é magnetismo e o que são radiações.

- Franz Mesmer, em 1779, após a descoberta do magnetismo animal, desenvolveu uma técnica para uso desse magnetismo no tratamento da saúde humana. Este tratamento caracteriza-se pela transmissão de energias físicas de uma pessoa (denominada magnetizadora) para outra, a pequena distância, cuja saúde se pretende tratar. Na época, surgiram inúmeros magnetizadores que, bem ou mal preparados fisicamente, seguindo critérios definidos, pela boa técnica ou não, vendiam seus serviços indiscriminadamente. Podemos entender esse magnetismo como sendo *radiações físicas*, que ocorrem com transmissão a pequenas distâncias (alguns centímetros). No tema *passes magnéticos* falaremos mais sobre esse assunto.
- Radiações mentais é um processo intelectual de emitir-se e projetar-se, a determinado alvo, pensamentos concordantes com o motivo que determinou essa projeção. Por exemplo, essa projeção pode ser de pensamentos de coragem, compreensão, confiança, etc.

- Radiações fluídicas, quando for uma ação de ordem mística, emitindo-se pelo *coração* sentimentos que visam o auxílio da pessoa ao qual se pretenda confortar. Estas se caracterizam por sentimentos, que saindo do nosso próprio íntimo, transmitem o desejo sincero de que o que desejamos ocorra.

É fácil entendermos que orações e vibrações são tipos de radiações que podem ser realizadas a distância e em que geralmente ocorrem simultaneamente a ação mental e a fluídica. O meio de transmissão é a matéria escura. Podemos perceber que, por serem fluidos os elementos transmitidos, quanto mais precisa for sua transmissão, maior será a possibilidade de êxito nos resultados desejados. Nossa fé faz crer que toda vez que praticarmos boas ações com a oração e as vibrações estaremos sendo apoiados pelos bons Espíritos protetores, que as dirigirão da melhor forma possível. Quanto ao mérito de quem a recebe, não está aqui sendo analisado, mas pressupõe-se que sempre algum efeito positivo haverá. Essas vibrações, pela sua natureza, ocorrem provavelmente na velocidade da luz e não há obstáculos físicos que possam atrapalhar sua trajetória.

É ideal que transformemos as práticas descritas acima em ação diária beneficiando assim nosso Espírito. Não custa nada conferirmos a eficiência!

11 A Ciência "revendo" a Ciência – O mundo em regeneração

Nestes dois últimos séculos a humanidade conseguiu os maiores conhecimentos relativos ao Universo e à vida do homem. Quando falamos de ciência, não devemos considerar separadamente cada um de seus ramos, embora isso acabe ocorrendo muitas vezes.

O século 19 foi muito rico no que se refere às descobertas ligadas à saúde, mas muitos desses conhecimentos só passaram a ser utilizados e continuaram sendo utilizados, por insistência ou até mesmo por teimosia de seus descobridores e criadores. Isso ocorreu porque os conhecimentos oriundos da física e da química eram insuficientes para comprová-los.

Já no século 20, as ciências ligadas à astronomia deram um grande salto em suas descobertas, alavancado pelas grandes teorias científicas propostas, que sem dúvida têm como carro chefe a Teoria da Relatividade desenvolvida por Einstein.

Com as novas descobertas, a física, a química, a biologia e outras ciências correlatas, tiveram grande avanço influenciando, no campo da saúde, o desenvolvimento de novas linhas de tratamento para a saúde. Foram medicamentos e equipamentos que levaram o homem a ter melhor qualidade de vida que, em princípio, podemos medir também pelo aumento da idade média humana.

Esses novos conhecimentos, ao contrário do que se poderia supor, não substituíram aqueles que ainda continuaram a ser praticados sem comprovação. Para as pessoas predominantemente racionais, os efeitos curativos dos métodos e medicamentos não comprovados pela ciência, surgidos em séculos anteriores, eram puramente de aspecto psicológico. Aliás, a própria ciência naquela época era incapaz de diagnosticar a maioria das doenças, com precisão, que dirá saber qual a doença a ser curada.

Como seres racionais, *que pensamos ser*, muitas vezes deixamos de lado a ciência e passamos a acreditar naquela intuição interior de que nem tudo precisa ter explicações, desde que funcione a nosso favor. É claro que não é assim que as coisas deveriam funcionar, mas foi assim que, se determinadas técnicas de cura persistem até hoje, também é verdade que muitas deixaram de existir por não atuarem nem na imaginação.

Divagando um pouco em nossos pensamentos, muitas vezes, por mais que busquemos as respostas para algum problema que temos, não as encontramos de imediato. E só acabamos por achá-las muito tempo depois, quando o problema já não é mais importante, e o mais interessante é que a resposta ocorre através de outro caminho ou forma que nem pensávamos existir. É como se buscássemos encontrar algo perdido no lugar errado, ou tentássemos provar que uma *pseudoteoria,* por nós imaginada, fosse a resposta para o nosso problema e, evidentemente, quando descobrimos a verdadeira resposta, vemos o quão errados estávamos.

Retomando o tema saúde, no que se refere aos problemas da preservação da vida, naquilo que envolve o diagnóstico e tratamento de doenças, grandes conquistas foram realizadas nestes últimos 100 anos. Mas contrariando os conhecimentos ligados à matéria, a ciência tem se mostrado insuficiente para tornar nosso corpo imortal. Se não bastasse isso, outros indicadores mostram que esse não pode ser o caminho ideal da luta na busca pela razão de viver. Essa luta está além da matéria densa.

À medida que desenvolvemos novos medicamentos para curar doenças que assolavam a humanidade, ou desenvolvemos técnicas para substituição de órgãos, deparamo-nos com novas doenças em que seus portadores não querem viver, como no caso da depressão e do estresse.

Daí percebemos que tudo que foi descoberto para a saúde deve ser reavaliado, e nos parece que o momento atual é propício para isso, pois além de termos os conhecimentos científicos a nosso favor, todos aqueles outros conhecimentos que não nos pareciam explicáveis pela ciência agora o são, não pelos novos conhecimentos da medicina, mas pelos novos conhecimentos da ciência como um todo. É a ciência recolocando as coisas nos seus devidos lugares.

Os tratamentos em nível de energia

Selecionamos aqui alguns tratamentos ligados à saúde que, com a descoberta da Energia Escura e da Matéria Escura, se tornam muito mais compreensíveis.

- **Passes magnéticos**

Essa modalidade de tratamento, utilizado desde 1779, nos primeiros tempos de sua prática era considerado algo totalmente místico e seus resultados fruto unicamente da fé de seus adeptos. Com as novas descobertas da Ciência podemos entender como o aspecto magnético atua, polarizando o corpo e reativando suas partes envolvidas na imposição de mãos dos *magnetizadores*. Também há uma troca de energia e esta é tão sutil que praticamente não é registrada, e era um absurdo considerar que existisse. Além disso, o meio que permite sua fluidez não é o da matéria bariônica (densa), daí ser mais difícil o reconhecimento do processo.

Uma pausa para reflexão. Quando abrimos um forno, sentimos o bafo do calor, que através do ar, chega até nós. Portanto, assim como o som, neste exemplo o ar é o meio de propagação do calor. A luz se propaga no espaço, mas também se propaga na atmosfera, propondo Maxwell que ela tem, simultaneamente, características magnética e elétrica, dependendo do caso. Isso para justificar sua propagação no espaço que, para todos os efeitos, não tinha matéria entre os corpos celestes.

Mas como o calor do sol chega até nos aqui na Terra? A explicação é que o calor é transmitido até nos por *irradiação.* Mas será que essa irradiação não necessitaria de um meio para ser transmitido? Com a descoberta recente esse meio (matéria escura), portanto assim como a luz não se propaga realmente no vácuo, o calor também não.

Portanto, passe magnético, pauta da nossa descrição, tem sua composição de matéria escura e seu meio de transmissão é através da matéria escura. A existência de matéria bariônica entre o magnetizador e o paciente não se constitui obstáculos físicos para sua aplicação. A característica desses passes é que sua aplicação é feita a pequena distância do paciente, não sendo recomendado o contato, evitando-se assim a ação física não desejável. Mas não pode ser aplicado a grande distância, pois sua ação depende do direcionamento dessas energias e sua concentração é dificultada pela distância. A massagem é um tratamento de saúde largamente utilizado, mas tem princípios diferentes aos do passe magnético.

- **Tratamentos à distância**

Este tratamento não tem os mesmos princípios do Passe Magnético, tanto na ação quanto na aplicação. Na realidade ele tem sua aplicação baseado nos princípios das orações e vibrações, e para ter maior efeito os *aplicadores* (em grupo, geralmente mais de quatro pessoas) se reúnem em horário pré-determinado (por exemplo, em uma casa de oração ou um centro espírita) e orientam as orações e vibrações para que cheguem ao assistido. Este deverá estar em oração, isolado de interferências externas, com disposição de receber as vibrações. O local onde deverá estar o assistido é previamente combinado. Esse tratamento se repete por algumas vezes, geralmente por quatro semanas.

- **Homeopatia**

A Homeopatia é um caso típico da ciência que, através de suas técnicas de comprovação, apresenta seus resultados, mas quando colocada em confronto com as leis da físico-química é controversa.

Apresentada por Hahnemann em 1781, através da publicação "Organon da Arte de Curar", mostrava, a partir de uma série de observações ligadas à saúde das pessoas, como as doenças se apresentavam, individualmente e uma doença perante as outras. Baseado nessas observações, apresentava uma nova teoria de cura *similia similibus curantur* (semelhante cura semelhante), que é tratar das doenças e seus sintomas através de medicamentos que produzem em pessoas sadias, sintomas semelhantes aos encontrados nas pessoas que seriam tratadas, daí o nome homeo (mesma) patia (doença).

A Alopatia, que é uma das outras formas de tratamento, por apresentar uma proposta, aparentemente mais racional, sempre tem mantido um campo de interesse maior. Principalmente porque, simbolicamente falando, combateria *o fogo com a água*, diferente da Homeopatia que propõe combater *o fogo com os elementos que produzem o fogo.* É importante frisar que ambas foram testadas e comprovadas dentro de normas predeterminadas e dentro de conceitos científicos.

Mas vamos ao cerne da questão, as leis da físico-química. É racional que para sensibilizar nosso corpo físico, não precisamos de grandes estímulos. Se o estímulo for pequeno, mas o suficiente para produzir reação de cura em nosso organismo, ele deve ser utilizado. A Alopatia também é assim.

Mas na Homeopatia, em busca da diluição perfeita do medicamento, pode-se alcançar diluições bastante altas. Por exemplo, para obtermos a chamada potência CH1 (potência Centesimal Hahnemanniana primeira), tomamos uma parte (por exemplo, uma gota) da substância que se quer dinamizar, e a dissolvemos em 100 gotas de água (ou diluente padronizado). Dinamiza-se essa quantidade de medicamento, batendo-o por várias vezes (número também padronizado) e o resultante será a Substância na potência CH1. Se quisermos a CH2, retiramos da CH1 uma gota, dissolvemo-la em 100 gotas de diluente e dinamizamos através das batidas. Se quisermos o CH3, da mesma forma através do CH2, nós o obteremos. Até aí tudo parece bem e em se falando em ação medicamentosa os remédios homeopáticos apresentam ação curadora.

Vamos imaginar, nós seres racionais, conhecedores das leis da físico-química, da Lei de Avogadro, da Molécula-Grama (unidade também conhecida por mol), como iremos entender um medicamento Homeopático na potência CH12, muito comum nas farmácias homeopáticas, inclusive em países da Europa? Faremos a seguinte conta:

Uma molécula-grama de qualquer substância tem $6{,}02214076 \times 10^{23}$ moléculas (número de Avogadro), na potência CH12 ele é repartido em 10^{24} partes (10 com mais 24 zeros), continuando a matemática teremos, no frasco CH12 tão somente 0,6 moléculas, ou seja, talvez não tenhamos nenhuma, mas o medicamento continua funcionando. Até aí determinados países por problemas filosóficos (talvez) não permitem a venda de remédios homeopáticos com potências mais elevadas. Mas para nós racionais, como podemos encontrar potências nas dinamizações que quisermos, CH30, CH200, CH1000, etc., etc. e etc.? E, para nos *incomodar,* com extraordinária ação curadora. Não é efeito placebo, pois se o medicamento Homeopático não for o adequado para o tratamento desejado ele não *funcionará.* Isso é facilmente observado no tratamento de animais, na pecuária e na área doméstica.

É interessante conhecermos um pouco mais dos fatos. Lorenzo Romano Amadeo Carlo Avogrado – conde de Quaregna e Cerreto (viveu de 1776 a 1856), advogado e físico italiano, foi um dos grandes contribuidores da física que distinguiu átomos de moléculas. A determinação pela primeira vez do número de Avogadro (nome da constante dada em homenagem ao físico) só ocorreu em 1917 (6,062 x 10^{23}) pelo físico Jean Baptiste Perrin e foi a partir daí que se iniciou a polêmica de que a homeopatia utilizava-se de medicamentos imateriais. O número de Avogadro, calculado por mais de uma dezena de vezes, foi redefinido em 20 de maio de 2019 em 6,02214076 x 10^{23}.

Mas qual é então a explicação para tentarmos dirimir a polêmica?

Hoje sabemos que o nosso Universo é preenchido por matéria bariônica (a densa, largamente estudada pela físico-química), matéria escura (em muito mais quantidade que a bariônica) e energia escura (em maior quantidade ainda). Quando pegamos uma quantidade de uma determinada substância estamos selecionando uma quantidade dos três elementos que estão gravitacionalmente aglutinados. Ao produzir fracionamentos sucessivos do elemento mais denso, também estamos fracionando os outros dois (a matéria e a energia escuras). A propriedade curadora está em todos os níveis da matéria. Mesmo sem o mais denso, ainda há propriedade curadora nos níveis mais quintessenciais da substância medicamentosa.

Desta forma pode-se entender que a Homeopatia não trata tão somente do nível físico da doença, mas nesse tratamento age em nível de energia e mental. Assim está claro que, se não bastasse a prova da ação curativa, temos a explicação científica para comprovar que as curas promovidas pelo efeito homeopático são reais.

Quando adentramos no conceito psicossomático da doença, que está dentro de um conceito holístico (considerando o ser como corpo, energia e mente) tratar com homeopatia, parece bem racional, mas infelizmente não basta estarmos com saúde *aparente*. Se nossos sentimentos não estiverem equilibrados e nossa mente sadia, o desequilíbrio se projetará novamente para o corpo.

Médicos *considerados* Alopatas, nos dias de hoje, têm procurado dar uma ação holística aos tratamentos, não se preocupando somente em ministrar o melhor medicamento, mas orientando o paciente com respeito à alimentação, hábitos, meios de vida, contato com a natureza, atitudes, entre outros.

Em nossa vida, temos que entender que, quando um mal acomete meu corpo físico, não é o corpo que está doente, mas eu (corpo, mente e espírito) e eu como um todo precisarei ser tratado. Ou mudamos nossa maneira de ser, buscando nossa evolução consciente, ou estaremos fadados ao sofrimento. Aí não haverá médico, seja homeopata, alopata, ou de tantas outras ciências e filosofias, que nos dará jeito.

- **Vacinação**

No fim do século 16, Edward Jenner (1749 – 1823), médico e biólogo britânico, constatou que mulheres que ordenhavam vacas e provavelmente infectadas pelo vírus que infetava os animais, não contraiam varíola. A varíola na época assolava inúmeras populações, por ser altamente letal. Jenner, baseado nessa observação, injetou secreção das erupções das mãos dessas mulheres, ou seja, o vírus da vaca chamado de *vaccínia*, em uma criança e constatou que esta, ainda que em contato direto com o vírus da varíola, não contraiu, posteriormente, a doença. Estava descoberta a vacina. Quem recebia o vírus da vaccínia ficava vacinado contra a varíola. Desde a última década de 80 a varíola está erradicada no mundo.

O princípio da vacina é de uma substância, que tendo relação com uma doença, quando inoculada por uma pessoa, torna essa pessoa imune à ação dessa doença. Geralmente é produzida a partir da própria doença.

A erradicação de uma doença só ocorre nos dias de hoje quando esta para de circular no mundo. Muitas doenças, não apresentam mais casos em alguns países, mas isto ocorre, porque a população está toda vacinada, para aquela doença, ou é mantido um perfeito isolamento da população local com relação a imigrações de risco. Com os movimentos migratórios nos dias de hoje, a melhor solução é ainda a vacinação.

Achar que, quando uma doença é declarada *erradicada* em um país, atinge-se uma condição sem risco de contraí-la é grave erro, a menos que a população esteja totalmente imunizada a ela.

Nossa necessidade de evolução não nos torna ainda invulneráveis a termos problemas de saúde, haja vista, a quantidade de doenças que ainda existem. Desta forma não temos ainda, neste nível de evolução, uma couraça permanente aos riscos dos micro-organismos que se apresentam em praticamente todos os lugares. Lembremos que, para evoluirmos, muitas vezes nos colocamos em risco, por escolha, para ajudarmos os nossos semelhantes, situação comum aos voluntários em missões médicas.

Temos o livre arbítrio em nossas escolhas, então para que corrermos riscos desnecessários, quando a ciência pode nos ajudar em diminuir esses riscos com a vacinação? Vivermos no isolamento é outra forma de nos proteger *de acordo com a ciência*, mas será que isso fará bem para a nossa necessidade de evolução?

- **Doenças psicossomáticas e a prática da Reforma Íntima**

Em 1950, o Dr. Antônio Carlos Pacheco e Silva (1898 - 1988), diretor por muitos anos do hospital de doentes mentais de Franco da Rocha (conhecido por Juqueri), lançou um livro denominado *Doenças Psicossomáticas*. Em sua experiência no tratamento de doentes mentais, percebeu que o doente oscilava em perturbações e sintomas que ora eram físicos, ora eram mentais e ora comportamentais. Faziam parte do tratamento desses doentes sessões semanais de música, chegando ao ponto de o hospital, por muito tempo, ter uma banda de música, composta pelos pacientes internos. Esse livro relacionava as ansiedades dos doentes com as doenças físicas, citando, por exemplo, as úlceras gástricas ao apego à matéria.

Se enfocarmos o conceito de Saúde, de forma holística, talvez possamos entender melhor o que é doença psicossomática. O médico e pesquisador argentino Tomás Pablo Paschero (1904 – 1986) propõe a seguinte definição para Saúde: “Saúde é um estado de harmonia entre partes do organismo e entre pessoas como um todo, como o cosmos. Deve considerar também as reações consigo mesmo, como as reações humanas, o que implica estudar o estado psicológico e ambiental de toda pessoa que perdeu a harmonia de sua saúde”.

O que concluímos em tudo isso é que as Ciências da Saúde, nas últimas décadas avançaram extraordinariamente nos processos de tratamento dos doentes. Não negamos que existem doenças e, portanto, os tratamentos em nível da matéria sejam em muitos casos recomendáveis, mas abre-se uma visão de que estes tratamentos, isoladamente, podem não trazer a cura. Mais ainda, se a causa é da alma, o tratamento em nível da matéria será insuficiente. A *palindromia* (do grego, aquilo que retorna sobre seus passos) utilizada para designar as doenças que, após, verificada sua cura, reaparecem, é um indício *milenar*, de que ou se elimina a causa, ou continuaremos sendo *doentes latentes.*

Neste contexto, assim como a psicoterapia tem avançado significativamente dentro da ciência da saúde, no meio religioso as Escolas de Aprendizes do Evangelho, em quase setenta anos, vêm proporcionando a Reforma Íntima de seus participantes, colaborando para a saúde física e mental destes. Afinal a doença é um alerta para nós Espíritos em evolução, de que o caminho escolhido não está totalmente adequado e que algo deve ser mudado em nós.

- **A prática das Boas Ações**

Neste capítulo, em que tratamos de alguns aspectos da Ciência da Saúde, não poderíamos deixar de relacionar esta prática com o conceito inicial de que estamos passando por um período de Transição de Ciclo Evolutivo, onde estamos deixando de ser o Homem Material (animal, ainda que racional), para ser Homem Espiritual.

Fazendo uma retrospectiva dos fatos, temos: na vinda de Jesus, a proposta, "Amar a Deus sobre todas as coisas e ao próximo como a si mesmo"; no século 17, um período de turbulência e revolução social, em que o Homem deixou de temer a Deus, agarrando-se a ciência como a substituta de Deus; e no século 19 surge o reforço, trazido pelo Espírito de Verdade, "Fora da Caridade não há salvação". Entretanto, o processo de evolução abrange todo o planeta, em todos os níveis: material, energético e espiritual, portanto quem não se esforçar em evoluir, por atitude própria, poderá ser *atropelado* pelo processo evolutivo global.

Eis porque, há cinquenta anos, mensagens espirituais passaram a recomendar: "Não basta sermos caridosos, para evoluir, temos que ser voluntários nesse processo". Se observarmos o mundo de hoje muitos já compreenderam, independente de ideologias, quaisquer que sejam, que: *a prática, espontânea e voluntária do amor ao próximo, desprovida de interesses pessoais, é o melhor remédio para os nossos males e é a esperança de termos um mundo melhor.*

12 Os caminhos da Ciência e o Espiritismo.

Viagens entre corpos celestes

Há pouco mais de cem anos era fruto da imaginação ou um sonho impossível pensar que um veículo de quase 300 toneladas saísse do solo com suas próprias forças, percorresse uma dezena de milhares de quilômetros e aterrissasse mais de dez horas após ter iniciado seu voo, transportando centenas de pessoas com conforto e segurança. Hoje tais voos ocorrem diariamente não sendo mais fruto da ficção. Isso só se tornou possível porque inventos tecnológicos foram desenvolvidos e continuam sendo como: motores e combustíveis mais potentes e econômicos, materiais mais leves, sistemas de orientação de rotas, compartimentos com proteção ambiental dentro de condições toleráveis pelo homem durante o voo e tantos outros equipamentos inimagináveis.

Evidentemente, não nos podemos esquecer da ocorrência do maior domínio da ciência na área de mecânica dos fluidos, que possibilitou a descoberta de como o ar, com densidade menor que a de enormes estruturas sólidas, poderia sustentar o peso dessas máquinas fabulosas. Tudo isso foi feito, mas nesse tempo todo, nenhuma lei universal foi alterada.

Para o homem vencer a gravidade do nosso planeta, além do aprimoramento dos equipamentos já desenvolvidos, outros necessitaram ser inventados e graças a isso há 50 anos, em 20 de julho de 1969, o primeiro homem chegou à Lua (e foi trazido de volta com vida). Daí para cá foram 12 homens os que chegaram à Lua em 6 missões diferentes. A grande dificuldade dessa empreitada, de ir ao nosso satélite natural, evidentemente, não é só à distância, que por si só demanda vários dias, mas o novo tipo de propulsão que precisou funcionar em ambiente bastante rarefeito, necessitando assim de muito mais combustível, em relação a um voo dentro da atmosfera.

Para viajar no espaço o homem descobriu que poderia usar da lei da atração universal a seu favor, e utilizando-se de cálculos complexos (possíveis pelo desenvolvimento de computadores, cada vez menores e mais potentes), passou a usar da atração dos planetas como impulso para alcançar seu objetivo.

Novamente se percebe que as leis universais foram mais bem aproveitadas, mas nunca extrapolando o limite da matéria bariônica. Para chegar-se ao planeta Marte, para que essa nova missão possa ser alcançada, tudo segue um planejamento bem definido, semelhante ao que tirou o homem do voo de avião e levou ao voo de foguete à Lua. Alguns fatores deverão ser resolvidos, mas o principal é, para que a missão não seja suicida, ter uma ida e uma volta.

Dentro desta visão racional sobraria pouco espaço para grandes sonhos, que seriam extraordinários quando pensamos em viajar para outros sistemas solares e outras galáxias. É parecido com o sonho do homem europeu que, há seiscentos anos, desejava encontrar novas terras e mediante a coragem e desprendimento, partiu de sua morada, provavelmente insatisfeito, enfrentou a *vastidão* do Oceano Atlântico descobrindo as Américas.

Desprendimento e coragem são qualidades importantes ao homem, pois permitem a ele o exercício do livre arbítrio contribuindo para sua evolução. Mas com a evolução, ele se torna mais consciente, esse desprendimento e coragem vão se transformando em amor e dedicação ao próximo.

Como nos achamos conscientes da matéria bariônica, *sabemos* qual será o mais provável desfecho das viagens espaciais. Deixamos aqui um tempo para refletirmos, mas tenho certeza que nossas conclusões não serão unânimes.

Para outra conclusão propomos um novo caminho de pensamento. Propomos que passemos a refletir tendo como base a Matéria Escura. Sabemos que ela existe materialmente e, como não poderia deixar de ser, obedece rigorosamente às leis universais, apenas é milhares de vezes mais leve que a matéria com que vivemos na carne.

Na matéria bariônica o nosso maior problema de viajarmos no espaço é a falta dela entre os planetas e a velocidade que podemos adquirir pelas restrições que ela própria nos traz. Na matéria escura, considerando que estejamos desprovidos do nosso corpo físico, as nossas restrições ficam minimizadas, pois o espaço interplanetário é preenchido de matéria escura. Desta forma como nossos Espíritos também são constituídos de matéria escura, a locomoção pelo espaço seria como a do nadador que atravessa a piscina em que a natureza de sua matéria é a mesma do meio em que se locomove.

Entretanto há fatores espirituais que temos que levar em conta. O que determina a densidade do Espírito é seu grau de evolução, sendo menos denso quanto mais evoluído for, ou seja, se sua evolução ainda lhe dá uma densidade que por atração gravitacional o prende ao planeta em que se encontra, será necessário que ele se livre, dessa densidade gravitacional excedente, para realizar sua viagem com liberdade para onde quiser. Essa gravidade excedente se traduz racionalmente em apego a matéria. Livrando-se dessa sobrecarga não só poderá sair para outros orbes como permanecer aqui na terra, como foi a opção de muitos Espíritos Abnegados que nos orientam, ficando parte de seu tempo em nosso planeta.

Como talvez não vivamos para ver as viagens espaciais se transformarem em rotina, nós temos, ainda nesta vida, a grande oportunidade de purificarmos o nossa alma e nos preparar para sermos o viajante dos nossos sonhos e conhecermos, *em futuro breve*, novos orbes.

Aqueles Espíritos que já passaram pelos processos necessários para sua evolução, já conseguem praticar as viagens espaciais, tão almejadas por *meros mortais.*

Viagens no tempo

Com a formulação da Teoria da Relatividade, no início do século passado, surgiu o conceito de que existiria uma quarta dimensão e esta estaria associada às três outras conhecidas e *palpáveis* (linha, plano e espaço) e ela seria o Tempo. Dentro desse princípio o Universo teria as três dimensões, além de uma curvatura, causada pela relação Espaço/Tempo.

Nesta concepção o universo poderia ter algumas formas possíveis, como no conceito de Universo Fechado, quando se caminha numa determinada direção e se chegaria a um mesmo ponto, ou em outro modelo, quando em elevadas velocidades, poderíamos sair de uma linha do tempo, entrando em outra linha, e esta última tanto poderia estar em data futura ou passada em relação à que saímos.

Inúmeros filmes baseados nesses conceitos foram realizados e, como obras de ficção, propiciaram a nossa imaginação a possibilidade de um dia, ainda que em Espírito, realizarmos tais viagens.

As novas descobertas, através de pesquisas e observações, vêm confirmando que as bases da Teoria da Relatividade de Einstein continuam valendo, entretanto, nem todas as hipóteses *acessórias* propostas podem ocorrer. A mais moderna Teoria da existência do Universo inicia-se por: "O Universo é plano..." matando o nosso sonho de viajar no tempo. Portanto não é possível penetrarmos numa *dobra do Tempo,* seja no futuro ou no passado.

Isso mais do que uma frustração de nossas esperanças, nos obriga a termos uma nova atitude em nossas vidas. O passado deve servir-nos como referência e aprendizado, mas não pode ser mudado. *Parafraseando Chico Xavier,* se não podemos mudar o passado, façamos hoje um novo futuro, nos modificando para melhor. Não podemos esperar voltar ao passado para corrigirmos erros cometidos, devemos nos reformular para não voltarmos a cometer os mesmos erros. E quanto àqueles erros e dívidas já cometidos, devemos resgatá-los, quando isso for possível. Quanto àqueles que nos *feriram* devemos perdoá-los, aceitando as experiências que tivemos e que nos desagradaram, mas seguindo nossa caminhada sem ressentimentos. Só assim poderemos ter certeza de que, já que não podemos viajar no tempo, pelo menos não estaremos *amarrados* ao tempo passado.

Aproveitando a Vida;

Cabe aqui a todos nós, religiosos ou não, jovens ou não, refletirmos sobre o que queremos de nossas vidas.

Em meados do século 17, a expectativa de vida do Homem não ultrapassava 40 anos. As causas dessa idade baixa, em relação aos dias de hoje, estavam ligadas a diversos fatores, como: alto índice de mortalidade infantil, grande percentual de infecções hospitalares e falta dos antibióticos para tais infecções, conflitos, fome, as inúmeras epidemias, além de outros. Com o avanço das ciências da saúde essa situação sofreu alguma mudança. No Brasil em 1950 a expectativa de vida aproximava-se dos 50 anos, já para o fim do século 20 a idade média prevista era superior aos 65 anos.

Começou-se a observar, nas últimas décadas do século 20, que aquelas pessoas que se aposentavam e que não se preparavam para essa situação nova de vida, ou seja, trocavam o trabalho pela *ociosidade*, eram as primeiras a adoecerem e morrerem. Aquelas que trocavam a atividade profissional por outra, ou continuando a ser *produtivas* eram as que, na média, viviam mais tempo.

Nessa época surgiram inúmeras empresas que promoviam palestras e cursos que tinham por finalidade preparar os futuros aposentados para a *nova* vida a ser enfrentada. O enfoque apresentado ia desde como administrar melhor o tempo a requalificar-se para outras atividades compatíveis com a nova idade. Em alguns casos o aspecto psicológico era trabalhado, em outros apenas o aspecto ocupacional.

Com o aumento progressivo da expectativa de vida, surgiram atividades que buscaram ocupar as pessoas, mesmo sem terem a preocupação com o aspecto produtividade. São passeios e programações turísticas, encontros sociais (bailes, concertos, jogos, etc.) e que de certa forma vêm alcançando, até hoje, o objetivo de ocupar as pessoas.

Há poucos anos, estávamos eu e minha esposa visitando uma cidade do sul do Brasil e num início de noite, enquanto aguardávamos sermos servidos, observamos pela janela do restaurante, que ficava a uns trinta metros da avenida, um senhor de seus setenta e cinco anos, magro, de vestimenta humilde, relativamente agasalhado para a temperatura que beirava os dez graus, empurrando um carrinho construído rudimentarmente a partir de uma caixa de madeira. Este parou com seu *veículo* próximo de um amontoado de rejeitos de lojas, que continha, sacolas, caixas de papelão e outros materiais.

Cuidadosamente separou os papelões, colocou-os em seu carrinho, empilhou os demais rejeitos de forma que não se espalhassem pelo vento, e ia prosseguir em sua caminhada, quando notou que estava sendo observado. Sorriu para nós, aproximou-se da janela do restaurante e comentou: "Estou aposentado há alguns anos, e notei que este material jogado fora pelas lojas, pode ser ainda útil. Construí este carrinho e toda tarde, antes que a limpeza pública da cidade passe para fazer seu trabalho, pego estes papelões e levo-os até uma Casa Beneficente de *crianças desamparadas*, que fica na rua de baixo, a qual vende esses papelões conseguindo assim algum dinheiro para manutenção das crianças. Não podemos desperdiçar nossas vidas!". Despediu-se e seguiu seu caminho.

Sem fazer cursos, ou participar de programas especiais para idosos, aquele senhor parecia ter encontrado um caminho para sua vida, que não se completava em si mesmo, mas na ação para seus semelhantes.

Quem conhece a história de sobrevivência da águia (quem não conhece procure conhecer) tem um bom exemplo da natureza, sobre o que pode significar o querermos sobreviver. Ou ela vive seus quarenta anos de vida normal e morre, ou ela passa por um período de renovação, conseguindo assim prolongar sua vida por mais algumas décadas.

A Ciência hoje nos permite não só termos uma sobrevida de alguns anos, mas se considerarmos a expectativa de vida de séculos atrás, poderemos ter mais de uma vida, sem precisarmos desencarnar.

Se considerarmos a vida dentro de um conceito universal, onde a finalidade é evoluir, a oportunidade que temos em viver idades mais avançadas só nos será útil se sempre estivermos em evolução. Há de se pensar: será que a lei da vida não estaria associada a vivermos sem perder tempo? Para quê um Espírito permanecer encarnado se não para aproveitar esse tempo evoluindo? Se for para viver sem evoluir seria preferível programar uma outra encarnação com novos objetivos.

O fato é certo, se estamos vivendo mais é porque estamos em evolução, mas devemos ficar atentos para que o processo continue sendo constante onde inclui a "prática das boas ações", pois a dimensão a ser alcançada é a do juízo.

Quando a Ciência recentemente descobriu que o Universo é plano e está em expansão contínua e acelerada, conceitualmente está dizendo que a lei é evolução e que quando o espaço *expande* o tempo se *contrai* (lei de Einstein), ou seja, aquela *sensação*, que muitos de nós temos, de que o tempo passa cada vez mais depressa, pode não ser uma sensação, mas um fato. Será!?

De qualquer forma não temos tempo a perder.

13 O Futuro

Diante da busca incessante do conhecimento, advém a pergunta: o que buscamos, o que desejamos saber e para que queremos novos conhecimentos? Entretanto continuamos buscando respostas para uma série de questões, só que, se não definirmos nossos objetivos perante a vida, continuaremos incorrendo na visão de futuro, próprio da ciência, que Pietro Ubaldi intui dizendo: "É inútil, é loucura acumular milhões de fatos, sem jamais concluí-los."

Enquanto buscarmos separar a ciência e a vida em departamentos estanques, seremos uma frota de intelectuais isolados, cada qual em seu nicho. Mas se começarmos a entender que o Universo é único, que suas nuances são visões parciais do todo, passaremos a entender, porque o conhecimento verdadeiro só ocorrerá, quando sentirmos nossos Espíritos em evolução dentro dele e o entendimento só ocorrerá quando tivermos os *olhos* preparados para vê-lo. A energia vital está diretamente ligada à matéria, mas é nesse processo de ligação que está o caminho da evolução conjunta Matéria-Espírito.

Teorias a serem comprovadas

Apesar dos últimos conhecimentos conseguidos pela astronomia, os quais modificaram significativamente a visão do Universo diante das novas teorias, um novo campo de pesquisas se faz necessário para confirmar ou aferir essas teorias.

- O Universo está em expansão acelerada, seu fator de expansão está ainda sendo aferido. Esse fato está ocorrendo pelo aumento de sua massa, ou todos os elementos que o compõem estão se expandindo concomitantemente?
- O Universo surgiu do Big Bang inicial. Nessa teoria já há recentes suposições de que, antes disso ocorrer, já existia a matéria escura, ou seja, o Big Bang não seria o início!
- Considerando o Big Bang e a expansão contínua do Universo há a dúvida: essa expansão é regular e uniforme em todas as direções ou não? No Brasil está sendo construído o primeiro radiotelescópio do mundo com condições para medir como essa expansão ocorre [https://paineira.usp.br/aun/index.php/2018/12/13/radiotelescopio-bingo-sera-capaz-de-analisar-a-parte-escura-do-universo/].
- O Universo é composto por matéria bariônica, matéria escura e energia escura e a proporção entre elas encontrada através de cálculos, continua sendo aferida, assim como se existe variação de percentagem entre elas através do tempo e como seria essa variação (aliás, bem possível de estar ocorrendo). A grande descoberta do século é de que a matéria bariônica, a única que se considerava ter *peso*, constitui pouco mais de 4% de toda a massa do Universo.
- Como fica a velocidade da luz diante desse novo panorama? Seu limite máximo é limitado apenas para a matéria bariônica ou para a matéria escura também?

- A fusão nuclear que ocorre com a matéria bariônica, afetará também construções existentes de matéria escura? E os Espíritos, que são formados de matéria escura, serão afetados pela fusão nuclear, a ponto de serem destruídos? (essa questão os Mentores não responderam ainda).

Quando obtivermos essas respostas, qual será nossa postura?

Novos campos de pesquisa

Independente do porquê, os cientistas continuam seu caminho, isolados na pesquisa do Universo material, porém já se vislumbra que mudanças começam a ocorrer, não porque o Universo esteja mudando suas leis, mas porque, quer queiramos, ou não, muitos pesquisadores já estão percebendo que o isolamento dentro de um único ramo do conhecimento não é o caminho que leva à evolução.

O *Universo material* é apenas um aspecto da vida e a tendência é de que os novos avanços do conhecimento, as novas invenções, as novas descobertas, estarão cada vez mais ligadas ao aspecto holístico, envolvendo o todo, não só o saber, mas para que saber, qual a importância real do saber.

Em concurso promovido pela agencia espacial americana NASA, Administração Nacional do Espaço e da Aeronáutica (National Aeronautics and Space Administration) em busca de novas descobertas e soluções ligadas à conquista do espaço, cerca de setenta invenções foram apresentadas, em sua maioria ligada ao campo da automação, área de comunicações. Todas voltadas para o conforto do Homem apresentando, em muitos casos, grande conhecimento científico. Para surpresa geral, a invenção premiada foi a de um chiclete que tem a propriedade de restituir o paladar dos astronautas. Estes, por problemas ligados a ausência de gravidade no espaço, perdem o paladar, o que causa sérios problemas, como o risco de ingestão de alimentos deteriorados. Com o uso deste chiclete eles voltam a ter paladar.

Novos concursos mundiais, dentro da ciência e tecnologia, têm sido abertos, já direcionando seus participantes para essa visão nova multidisciplinar (é premissa dos concursos que as equipes participantes sejam compostas por *cientistas* pertencentes a diversas áreas do conhecimento). A proposta que se deseja não é de aprimoramento de coisas existentes, mas fugir da mesmice de sempre. Deseja-se algo que venha a se caracterizar uma evolução para o Homem.

Os novos campos de pesquisa, cada vez mais, têm como foco a nossa individualidade integrada ao coletivo de nossos semelhantes. Na fase de transição, na qual nos encontramos, já temos os conhecimentos necessários para continuarmos nossa evolução. Mas como poderemos ter um *juízo*, como propôs Jesus, se não colocarmos em prática esses conhecimentos? O problema se torna mais sério ainda quando a aquisição de novos conhecimentos só é possível à medida que os que já temos sejam consolidados na prática.

Quanto à relação entre Ciência e o sentimento mais nobre que é o Amor, o centro de todo o processo da evolução, vamos lembrar o que diz Paulo de Tarso. “A ciência incha, mas o amor edifica.” - *Paulo (I Coríntios, 8:1)* e completa Emmanuel: “Se a ciência descobre explosivos, esclarece o amor quanto à utilização deles na abertura de estradas que liguem os povos; se a primeira confecciona um livro, ensina o segundo como gravar a verdade consoladora. A ciência pode concretizar muitas obras úteis, mas só o amor institui as obras mais altas. Não duvidamos de que a primeira, bem interpretada, possa dotar o homem de um coração corajoso; entretanto, somente o segundo pode dar um coração iluminado”. [Emmanuel, em “Caminho, Verdade e Vida”, psicografia de Chico Xavier]

BIBLIOGRAFIA

ARMOND, E. *Os Exilados de Capela.* 20.ed. São Paulo, Aliança, 1984.

ARMOND, E. *Passes e Radiações: Métodos Espíritas de Cura.* 27.ed. São Paulo, Aliança, 1990.

COSTA, Dr. R. A. *Homeopatia Atualizada: Escola Brasileira.* 2.ed. Petrópolis, Vozes, 1984.

EINSTEIN, A. 1879 - 1955. *A Teoria da Relatividade Especial e Geral.* Tradução Carlos Almeida Pereira. 1.ed. Rio de Janeiro, Contraposto, 1999.

HAHNEMANN, C. S. F. *Organon da Arte de Curar.* São Paulo, Grupo Benoit Mure, 1980.

KARDEC, A. *O Livro dos Espíritos.* 59.ed. São Paulo, Lake, 1998.

LEAL, U. S. *Um só caminho: Evolução, Saúde, Reforma Íntima.* 2.ed. São Paulo, Aliança, 2011.

PANEK, R. *De que é feito o Universo?* Tradução Alexandre Cherman. 1.ed. Rio de Janeiro, Zahar, 2014.

UBALDI, P. *A grande síntese: síntese e soluções dos problemas da ciência e do espírito.* 14.ed. Campos, Fundação Pietro Ubaldi, 1985.

Obra do Autor

Um Só Caminho

14x21cm
160 páginas

Nos dias atuais, observando este mundo em que vivemos, onde a evolução do conhecimento é acelerada, buscamos nos situar para estarmos sempre integrados às realidades da vida. Este livro procura apresentar, de acordo com a Lei da Evolução, as causas de nossos desequilíbrios que levam a perda da saúde.

Aliança